Emil Turós
Zu Gast in Ungarn

Emil Turós

Zu Gast in Ungarn

Die Kochkunst der Magyaren

Mit Bildern von Annamária Csáth

Weingarten

CIP–Kurztitelaufnahme der Deutschen Bibliothek

Turós, Emil:
Zu Gast in Ungarn : d. Kochkunst d. Magyaren / Emil Turós. Mit Bildern von
Annamária Csáth. [Aus d. Ungar. übertr. von Brigitte Bleier u. Edith Rédei]. –
Weingarten: Kunstverl. Weingarten, 1988. Aus d. Ms. übers.
ISBN 3-8170-0009-X

Aus dem Ungarischen übertragen von Brigitte Bleier und Edith Rédei
Typographische Gestaltung: Kunstverlag Weingarten
© Corvina Kiadó, Budapest 1988
© dieser Ausgabe Kunstverlag Weingarten 1988
Satz und Druck: Druckerei Kossuth, Budapest
Printed in Hungary 1988
ISBN 3-8170-0009-X

Inhalt

Vom Bratspieß zur Feinschmeckerkunst: Ungarische Küche

Die Feinschmecker zählen die ungarische Gastronomie weltweit zu den Spitzenleistungen der mitteleuropäischen Eßkultur. Auch die Ungarn selbst schwören auf ihre Speisen. Sie essen gerne, noch dazu viel und gut. Das sieht man ihnen auch an, denn ein bedeutender Anteil der Bevölkerung Ungarns hat Übergewicht.

Die meisten Familien in den Städten und Dörfern leben von selbstgekochten Gerichten. Eher zu Festlichkeiten, zu bedeutenden Anlässen speisen sie gern in großer Gesellschaft in Gaststätten oder Restaurants. Doch sie bevorzugen nach ihrem eigenen Belieben gewürzte Speisen, vor allem den gewohnten Geschmack. Die charakteristischen ungarischen Gerichte haben nämlich ein ureigenes Aroma. Exakt ist das Wesentliche dieses Charakters kaum zu bestimmen: Er ist saftig, weich, etwas scharf, gaumenkitzelnd.

Über die Anfänge, die Entwicklung und Vervollkommnung der ungarischen Küche liegen kaum schriftliche Zeugnisse vor, und auch diese dokumentieren nur die Kochkunst der königlichen und aristokratischen Höfe.

Bis auf den heutigen Tag lebt die Legende, daß im 10. Jahrhundert die Urungarn auf ihren westlichen Streifzügen unter ihrem Pferdesattel weichgerittenes, blutiges, rohes Fleisch verzehrt hätten. Aufgezeichnet haben dies die Mönche von St. Gallen über die Plünderer ihrer Viehherden, die tatsächlich blutige Fleischstücke unter ihrem Pferdesattel verbargen. Nur war dieses Fleisch nicht zum Verzehr bestimmt, sondern diente als Arznei, zur Heilung des vom Sattel aufgeriebenen Rückens der Pferde.

In den stürmischen Jahrhunderten nach der Landnahme waren in Ungarn die Gewürz- und Küchengartenpflanzen (Paprika, Zwiebeln u. a.), die später fast zu unausbleiblichen Elementen des ungarischen Würzens wurden, noch nicht bekannt. Aus den Funden archäologischer Grabungen läßt sich schließen, daß Suppen aus geräuchertem, durch Einsalzen konserviertem Fleisch, ferner Milch, Quark und Käse die Hauptnahrung darstellten. Die in den Dienst der königlichen, hochadeligen Küchen eingetretenen ausländischen Köche bereiteten gaumenkitzelnde Leckerbissen aus Pflanzen und Gewürzen zu, die aus dem Ausland besorgt oder in kleinen Mengen in Ungarn angebaut wurden. Doch diese nur für Auserwählte bestimmte Speisen können nicht als Vorläufer der ungarischen Gastronomie angesehen werden.

Durch die gegenseitigen Beziehungen mit den Nachbarvölkern im 16. Jahrhundert und durch die einhundertfünfzigjährige türkische Besetzung erhielt die Kochkunst vielfältige Anregungen. So entwickelte sich durch die Einbeziehung von Gewürz- und Küchengartenpflanzen die typische ungarische Feinschmekkerküche.

Von den türkischen Besetzern „luchsten" die Frauen im wahrsten Sinne des Wortes nicht nur den Paprikaanbau und die Verwendung als Gewürz ab – denn die Türken hüteten ihr Gewürz eifersüchtig und hatten den Ungarn Anbau und Verwendung von Paprika streng verboten –, sondern auch das berühmt-berüchtigte gefüllte Kraut und der Strudel gelangten von den Osmanen in die ungarische Küche.

Die größere Auswahl der Zutaten erhöhte zwar das Niveau des Speiseplans des gemeinen Volkes und begründete den Charakter der ungarischen Gastronomie, doch deren endgültige Entfaltung erfolgte erst in der zweiten Hälfte des 18. Jahrhunderts.

Zu dieser Zeit entfaltete sich auch das ungarische Gaststättengewerbe. Nacheinander werden Gasthöfe, Restaurants, Kaffeehäuser und Bierstuben, zuletzt die Konditoreien und Schenken eröffnet, in denen man Zwischenmahlzeiten einnehmen konnte. Die Inhaber stammten aus dem Ausland oder hatten dort die Kochkunst erlernt, vervollkommneten miteinander wetteifernd ihre bürgerliche Küche und bereicherten, um die Gunst der Gäste bemüht, ihre Speiseauswahl. Zu dieser Zeit wurden die ersten ungarischen und deutschsprachigen Kochbücher für Hausfrauen herausgegeben. Die Köche und die Hausfrauen hatten bereits Gelegenheit, sich die Feinheiten der höheren Kochkunst anzueignen.

Ende des 19. Jahrhunderts entfaltete sich zusammen mit der starken Industrialisierung der Fremdenverkehr. Die ausländischen Gäste wollte man mit besonderen Leckerbissen erfreuen, mit solchen Speisen, die ihnen in anderen Ländern nicht geboten wurden. Gewissermaßen durch ausländische Inspiration wurden die ungarischen regionaltypischen Speisen ausgewählt und unter den Händen der besten Küchenmeister zur Nationalküche verfeinert.

Aus den Gegenden der Hirten und Viehzüchter „zivilisierte" man die von den Hirten auf der Feuerstelle im Freien, im Kessel gekochte Gulaschsuppe zum charakteristischen ungarischen Familien- und Gaststättengericht. In der Geflügelzucht der brachliegenden Pußta ist der Ursprung des Paprikahuhns zu suchen. An den großen Gewässern des Landes, neben der Donau und der Theiß, am Ufer des Balatons, die den Fischern den Nahrungsunterhalt boten, vervollkommneten sich die verschiedenen Variationen der Fischsuppen. Die Bevölkerung der Getreideanbaugebiete dagegen übte sich bei der geschmackvollen und

13

abwechslungsreichen Zubereitung von Nudelbreisorten, und daraus entstanden die vortrefflichen Quarkflecken. Aus fruchtbaren Waldgegenden stammen die mit Pilzen gewürzten Fleischgerichte, wie z. B. das Schweinekotelett nach Bakonyer Art oder das Pilzpörkölt. Die auf das Wild der Wälder und Wiesen angewiesenen Menschen haben aus ihrer Beute ihrem Geschmack entsprechende Gerichte zubereitet, die später in die internationale Küche Eingang finden konnten.

Im Verlauf der letzten hundertfünfzig Jahre bewahrte die ungarische Küche zwar ihre Originalität volkstümlicher Inspiration, sie wurde aber europäischer, weil sich ihre Geschmacksrichtungen milderten und sie kalorienarmer und weniger sättigend wurde. Weitgereiste Meisterköche bürgerten aber auch verschiedene Speisen ausländischer Küchen in Ungarn ein. Dadurch ergab sich ein Austausch, der die Verfeinerung und Angleichung der ungarischen Küche an den internationalen Geschmack bewirkte. Die ungarische Küche wurde also zu einem Bestandteil der europäischen, indem sie diese aufnahm, ohne den typischen Charakter der ungarischen Küche aufzugeben.

Im Verlauf der Zeit haben sich selbstverständlich auch die Eßgewohnheiten geändert. Die einst als Hauptgericht servierten dickflüssigen, sättigenden Suppen sind in den Hintergrund gedrängt worden. Salate und gedünstetes Gemüse finden sich häufiger in der Speisefolge, und obwohl früher regelmäßig als Nachtisch der ungarischen Küche Mehlspeisen auf den Tisch kamen, so sind neuerdings auch diese seltener geworden. Anstatt des Mittags- ist nun das Abendessen zur Hauptmahlzeit geworden, da es ebenfalls zu den typischen ungarischen Eigentümlichkeiten gehört, sich ohne Hast in Ruhe dem Essen zu widmen.

Ágnes Nyerges

Die Rezepte dieses Buches sind für 4 Personen berechnet. 0,1 l = zirka 8 Eßlöffel

Das Frühstück

Ungarn frühstücken anders

Der Ungar frühstückt, wie die meisten Europäer, im allgemeinen zwischen 7 und 8 Uhr. Das ändert er nur, wenn der Arbeitsbeginn oder ein anderer wichtiger Grund ihn dazu zwingt.

Als Frühstücksgetränke sind *Milchkaffee* und *Tee mit Zitrone* sehr verbreitet. Viele Ungarn trinken auch *Milch,* im Sommer kalt (oft roh), im Winter heiß. Andere mögen *Kakao* lieber. Normalerweise schmeckt der Milchkaffee den Ungarn heiß am besten. Im Sommer wird er aber auch häufig kalt getrunken.

Der Verbrauch an Milchprodukten ist ziemlich hoch; Sauermilch hat daran einen fast traditionell großen Anteil. Man ißt gerne *Joghurt, Kefir* und eisgekühlte *saure Sahne.*

Der Ungar liebt wohlschmeckendes Brot und ißt verhältnismäßig viel davon. Es ist noch gar nicht lange her, da buk ein erheblicher Teil der Bevölkerung (oft auch die Großstädter) das Brot selber. Von dem großen, runden, rotbraun gebackenen knusprigen *Hausbrot* waren alle in der Familie begeistert. Das gute Hausbrot trocknete auch in 1 bis 2 Wochen nicht aus, da man dem Teig einige gekochte, durchgedrehte Kartoffeln beigab.

Eine Reihe von Frühstücksbackwaren buk man ebenfalls selbst. Mit am beliebtesten ist der *Fladen.* Er wird aus Brotteig hergestellt, flach und rund geformt, in heißem Fett gebraten und sofort gegessen. Meistens stellt man *Pogatschen* auch gleich beim Brotbacken her, da der Ofen sowieso heiß ist.

Zum Frühstück ißt man in Ungarn gerne Eierspeisen. Deshalb entstand die große Auswahl an *Rühreiern:* mit Zwiebeln, Speck, grünen Paprikaschoten, mit Schinken und Käse – das sind nur die bekanntesten. Daneben hat jede Hausfrau ihr eigenes, spezielles Rühreirezept.

Eine Frühstücksdelikatesse der Ungarn: die vielen Sorten *Speck.* Natürlich dürfen auch rohe Paprikaschoten und Tomaten nicht fehlen.

In der Vergangenheit war das *Gabelfrühstück* sehr verbreitet, doch mit der veränderten Lebensform verliert es immer mehr an Bedeutung. Man kann es mit dem zweiten Frühstück vergleichen, obwohl es häufig nur als Vorwand zum Biertrinken angesehen wurde.

Alle, die sehr zeitig frühstückten, nahmen das Zehnuhrfrühstück mit, um bis zum späten Mittagessen nicht zu hungrig zu sein. In den Bierhallen aß man oft nur einige Happen beim Plaudern, manchmal zwischen zwei wichtigen Besprechungen. Im Laufe der Zeit entwickelte sich dann für dieses Gabelfrühstück eine eigene Auswahl an Speisen: zwei kleine Stück Pörkölt mit Saft und zwei gekochte Kartoffeln, etwas Schmorfleisch mit zwei Kartoffeln, eine viertel Portion Hirn mit Nieren, eine kleine Portion saure Lunge mit einem Kloß (Semmelknödel), ein Paar Würstchen, gekocht in Pörköltsaft, mit drei gekochten Kartoffeln usw.

Frühstücksrezepte

Sommerliches Letscho mit Ei

Den Räucherspeck in kleine Würfel schneiden, in der Pfanne glasig braten, das Fett hineintun und darin die feingehackten Zwiebeln kurz rösten. Die in Scheiben geschnittenen Debreziner Würstchen hineinlegen, einige Sekunden bei starker Hitze hin und her wenden. Die von Stiel und Scheidewänden befreiten, entkernten und in Ringe geschnittenen Paprikaschoten dazugeben. Ein paarmal umrühren, bis alles halbweich ist. Dann die in Würfel geschnittenen, frischen Tomaten dazugeben. Salzen, einige Sekunden bei starker Hitze rösten; zum Schluß die vorher verquirlten Eier hinzugeben. Unter mehrmaligem Umrühren so lange backen lassen, bis sich das Ganze wie ein nicht zu festes Rührei verdickt. Sofort servieren, dazu eisgekühlte saure Gurken oder Kopfsalat reichen.

Nach Geschmack kann man das Gericht anstatt mit Debrezinern auch mit anderen Würstchen oder mit frischen Pilzen zubereiten.

Nyári lecsós tojás

50 g Räucherspeck, 50 g Fett, 100 g Zwiebeln, 200 g Paprikaschoten, 150 g frische Tomaten, 6 Eier, 2 Paar Debreziner Würstchen, Salz

Kartoffelfladen

Das Mehl warm stellen. Die weichgekochten Kartoffeln heiß durchdrehen und abkühlen lassen. Inzwischen aus der Hefe mit etwas Milch und Mehl einen Sauerteig bereiten und gehen lassen. Danach die Kartoffeln mit dem Mehl vermengen, den Sauerteig hinzugeben, leicht salzen. Das Ganze mit so viel Wasser oder Milch durchkneten, daß eine brotteigähnlich feste Masse entsteht. Mit Mehl bestreuen, lauwarm stellen und gehen lassen. Danach auf einem mit Mehl bestreuten Brett aus dem Teig ungefähr bleistiftdicke, runde Fladen ausrollen. An 2 bis 3 Stellen einschneiden, damit sie nicht zusammenschrumpfen. In heißem Fett auf beiden Seiten braun braten. Warm servieren.

Burgonyalángos

250 g gekochte, durchgedrehte Kartoffeln, 300 g Mehl, 10 g Hefe, 150 g Fett, Milch, Salz

18

Fladen

Der Fladen wird genau wie der Kartoffelfladen zubereitet, nur ohne Kartoffeln (s. S. 17).

Gebratenes Ei mit Würstchen

Den Räucherspeck in Würfel, die Würstchen in dünne Scheiben schneiden. In einer Pfanne den Speck auslassen, die Würstchen hineingeben und bei starker Hitze einige Sekunden rösten, Paprika dazugeben. Sofort vom Herd nehmen, gut umrühren und in eine flache, breite, feuerfeste Schüssel schütten. Die Eier vorsichtig daraufschlagen, damit das Eigelb nicht ausfließt.

Bei mittlerer Hitze in der Backröhre braten. Nach dem Herausnehmen die Eier mit Salz und Pfeffer würzen. Das Ganze mit etwas gehackter Petersilie bestreuen.

Sofort heiß servieren.

Statt der Würstchen kann das Gericht auch mit Räucherwurst oder Pilzen hergestellt werden. Die Zubereitungsart ist dieselbe.

Paprikaschoten mit harten Eiern

Das Fett erhitzen und die feingehackten Zwiebeln darin rösten, Paprika darüberstreuen, sofort umrühren und mit etwas Wasser aufkochen lassen. 2 Eßlöffel Tomatenmark untermischen. Die Paprikaschoten waschen, entkernen, von Stiel und Scheidewänden befreien, in Ringe schneiden und in die Flüssigkeit geben. Salzen und mit feingehacktem Knoblauch abschmecken, mehrmals umrühren und bei mäßiger Hitze zugedeckt fast gar dünsten. Dann eine entsprechend große, feuerfeste Schüssel oder einen Emailletopf einfetten und die Hälfte des gedünsteten Paprikas gleichmäßig darin ausbreiten. Mit den in Scheiben geschnittenen, hartgekochten Eiern belegen und auf dieser Lage die andere Hälfte des Paprikas verteilen. Danach mit feingehackter Petersilie bestreuen und 4 bis 5 Minuten in die Backröhre stellen.

Sofort heiß servieren.

Lángos

90 g Mehl, 150 g Fett, 15 g Hefe, Salz

Tálon sült tojás virslivel

250 g Würstchen, 70 g Räucherspeck, 10 g Edelsüß-Paprika, 8 Eier, Salz, Pfeffer, Petersilie

Zöldpaprika főtt tojással

600 g Paprikaschoten, 80 g Fett, 6 harte Eier, Salz, Tomatenmark, 50 g Zwiebeln, 10 g Edelsüß-Paprika, 1 Knoblauchzehe, Petersilie

Gomba tojással

400 g Pilze, 50 g Fett, 8 Eier,
0,05 l saure Sahne, Salz, Pfeffer,
Petersilie, Edelsüß-Paprika

Pilze mit Ei

Man verwendet am besten mittelgroße Pilze. Reinigen, gut waschen und in dünne Scheiben schneiden. In einer Pfanne das Fett erhitzen, darin die Pilze bei starker Hitze unter ständigem Rühren 2 bis 3 Minuten lang rösten. Dabei mit Salz, Pfeffer und etwas feingehackter, frischer Petersilie bestreuen. Die Eier in eine kleine Schüssel schlagen, saure Sahne dazugeben, mit Salz und Pfeffer abschmecken und gut verrühren; auf die gerösteten Pilze gießen und unter ständigem Rühren garen. Mit Paprika bestreuen.
Sofort heiß servieren.

Dieses Gericht kann im Sommer mit frischen Paprikaschoten und Tomaten bereitet werden. Sie werden in kleine Stücke geschnitten und in wenig Fett, zusammen mit einer feingehackten Zwiebel, gesondert geröstet. Kurz vor dem Auftragen alles vermischen.
Auf die gleiche Weise kann man dazu auch geröstete Würstchen bereiten. In Scheiben schneiden, in einer Pfanne mit wenig, in Würfel geschnittenem Räucherspeck ausbraten und rösten. Unter die fertigen Pilze mit Ei mischen.
Heiß servieren.
Zwei Paar Würstchen und 50 g Speck genügen, wenn man nur 4 bis 5 Eier nimmt.

Tálon sült tojás gombával és paradicsommal

250 g Pilze, 300 g frische Tomaten,
50 g Fett, 10 g Edelsüß-Paprika,
50 g geriebener Käse, 8 Eier, Salz,
Pfeffer, frische Petersilie, 1 Zwiebel

Gebratenes Ei mit Pilzen und Tomaten

In das erhitzte Fett eine kleine, in Würfel geschnittene Zwiebel legen und in Scheiben geschnittene Pilze darin halb rösten, die zerkleinerten Tomaten dazugeben und unter ständigem Rühren bei starker Hitze 2 bis 3 Minuten weiterrösten. Zwischendurch Salz und Pfeffer beigeben, mit Paprika bestreuen und mit ein wenig gehackter Petersilie vermischen. In eine entsprechend große, feuerfeste Schüssel legen und die Eier einzeln daraufschlagen, salzen und die Oberseite mit geriebenem Käse bestreuen. Bei mittlerer Hitze in der Backröhre braten, bis die Oberseite hellbraun wird.
Sofort servieren.

Tálon sült tojás virslivel és gombával

2 Paar Würstchen, 250 g Pilze, 50 g
Fett, 10 g Edelsüß-Paprika, 8 Eier, Salz,
Pfeffer, 1 Zwiebel, frische Petersilie

Gebratenes Ei mit Würstchen und Pilzen

Eine feingehackte Zwiebel in Fett schwenken, die kleingeschnittenen Pilze hineintun und anrösten. Die in Scheiben geschnittenen Würstchen dazugeben und bei starker Hitze unter ständigem Rühren gar rösten. Mit Salz, Pfeffer, Paprika und etwas feingehackter Petersilie bestreuen. Das Ganze gut vermischen und in eine entsprechend große Schüssel schütten. Die Eier einzeln so aufschlagen, daß das Eigelb ganz bleibt. Bei mäßiger Hitze in der Backröhre braten und dann sofort auftragen.

Rührei mit Käse und Schnaps

Die Eier aufschlagen, salzen und mit einer Gabel gut verrühren. Den Emmentaler Käse in kleine Würfel schneiden. In einer Pfanne die Butter erhitzen, den Käse hineinlegen und gut umrühren, die Eier und den Schnaps darübergießen und so lange unter ständigem Rühren aufgesetzt lassen, bis sich die Masse verdickt. Danach in eine vorgewärmte Schüssel geben und heiß servieren. Die Oberseite reichlich mit Pfeffer, Paprika und geriebenem Käse bestreuen.

Pálinkás sajtos rántotta

8 Eier, 80 g Butter, 200 g Emmentaler Schnittkäse, 50 g geriebener Käse, 0,05 l Aprikosenschnaps, Edelsüß-Paprika, Pfeffer, Salz

Warme Sandwiches mit Käse und Speck

Eine helle Schwitze bereiten und unter Hinzugabe des Bieres mit dem Schneebesen glattschlagen, eindicken und auskühlen lassen. Den geriebenen Roquefort dazugeben, leicht salzen, pfeffern, mit wenig Senf abschmecken, den feingehackten Schnittlauch hineinmischen. Zum Schluß Vitaminpaprika dazugeben und das Ganze mit dem Schneebesen verrühren.
Inzwischen die Weißbrotscheiben rösten und gleichmäßig mit der Käsekrem bestreichen. Den durchwachsenen Speck in so viel dünne Scheiben schneiden, daß diese für die Käsesandwiches ausreichen und die Käsekrem bedecken. Die Sandwiches auf ein Blech legen und in der heißen Backröhre bei Oberhitze rösten. Die Sandwiches werden mit je einer Scheibe Paprika und Tomate garniert. Sofort heiß servieren.

Sajtos szalonnás meleg szendvics

30 g Butter, 40 g Mehl, 200 g Roquefort, 100 g durchwachsener Speck, 20 g Vitaminpaprika, 0,15 l helles Bier, 12 Scheiben Weißbrot, Salz, Pfeffer, Senf, Schnittlauch, Paprikaschoten, Tomaten

Schafkäse-Aufstrich mit Sardinen

Den Schafkäse in eine tiefe Schüssel legen, die Butter und die durch ein Sieb gestrichenen Sardinen dazugeben. Salzen, pfeffern, mit einem Schuß Zitronensaft, einem Mokkalöffel Senf und einer Messerspitze geriebener Zwiebel abschmecken. 1 bis 2 Löffel Sardinenöl dazugeben. Das Ganze mit einem Schneebesen gut durchschlagen, so daß eine leichte, schneeige Masse entsteht. 1 Stunde in den Kühlschrank stellen. Mit gerösteten, dünn mit Butter bestrichenen Brotscheiben oder mit in Scheiben geschnittenen Semmeln servieren. Ein kleines Bund Schnittlauch feinhacken und darüberstreuen. In Scheiben geschnittene Paprikaschoten und frische Tomaten dazu reichen.

Szardíniás juhtúró-keverék

300 g Schafkäse, 70 g Butter, 1 Dose Ölsardinen, Salz, Senf, Zitronensaft, 1 Zwiebel, Schnittlauch

Túrós, mazsolás, meleg töltött alma

10 Äpfel, 250 g Quark, 50 g Zucker, 10 g Vanillezucker, 20 g Butter, 30 g Grieß, 60 g Rosinen, 0,1 l saure Sahne, 2 Eigelb, Schale einer halben Zitrone

Bratapfel mit Rosinenquark gefüllt

Die Äpfel aushöhlen, das Kerngehäuse entfernen. Aus den angeführten Zutaten eine Quarkfüllung bereiten. Das Apfelinnere mit Grieß bestreuen und die Füllung hineingeben. Obenauf etwas Butter legen und die Äpfel in der vorgewärmten Backröhre etwa 15 Minuten braten.

Juhtúrós palacsinta I

100 g Schafkäse, 80 g Fett, 200 g Mehl, 2 Eier, 0,2 l saure Sahne, 0,5 l Milch, 1 Eßlöffel feingehackter Dill, Salz

Schafkäse-Palatschinken I

Das Fett in eine tiefe Schüssel geben, salzen und schaumig schlagen. Die Eier nacheinander daraufgeben, dann den Schafkäse, und nach jeder Beigabe die Masse gut verrühren. Unter ständigem Rühren Mehl und nach und nach Milch hineingeben, bis der Teig die notwendige Dicke hat. Er muß etwas zähflüssiger sein als der normale Eierkuchenteig. In der Eierkuchenpfanne wenig Fett erhitzen, von dem Teig eine dünne Palatschinke bei schwacher Hitze backen, wobei er gewendet werden muß. Die Eierkuchen direkt vor der Mahlzeit backen. Sofort heiß servieren. Ein ausgezeichneter Geschmack wird durch eine Füllung (ein Löffel saure Sahne oder Joghurt mit feingehacktem Dill verrührt) erreicht.

Juhtúrós palacsinta II

8 Palatschinken, 300 g Schafkäse, 0,25 l saure Sahne, 1 Eigelb, 1 Ei, 50 g Butter, 1 Bund Schnittlauch, Salz, Pfeffer

Schafkäse-Palatschinken II

Wie oben beschrieben Eierkuchen aus ungezuckertem, schwach gesalzenem Teig backen. Inzwischen den Schafkäse durch ein Sieb streichen und in eine tiefe Schüssel geben, 0,1 l saure Sahne zugießen, salzen, pfeffern und den Käse mit dem feingewiegten Schnittlauch bestreuen. Die Mischung gut verrühren und damit die Palatschinken füllen, zusammenlegen und in eine gebutterte, feuerfeste Schüssel legen. In die restliche saure Sahne ein ganzes Ei und ein Eigelb schlagen. Salzen, pfeffern, gut verquirlen und über die Eierkuchen gießen, bis diese überall bedeckt sind. Die Oberseite mit ausgelassener Butter begießen, in eine mäßig warme Backröhre stellen und bei Oberhitze knusprig backen. Man braucht ca. 8 bis 10 Minuten, bis die Oberseite braun und das Innere durchgebacken ist. Heiß servieren.

Nach Geschmack kann in die Schafkäsefüllung statt des Schnittlauchs auch etwas feingewiegter frischer Dill gemischt werden, der ihr einen ausgezeichneten Geschmack verleiht. Die Geschmackswirkung wird noch verstärkt, wenn man das Ganze kurz vor dem Auftragen mit etwas Edelsüß-Paprika bestreut.

23

Tejfeles túró metélő-hagymával

300 g Quark, 0,2 l saure Sahne,
1 Bund Schnittlauch

Quark mit saurer Sahne und Schnittlauch

Den frischen Quark in eine Glasschüssel legen und mit nicht zu saurer Sahne begießen. Für wenigstens eine Stunde in den Kühlschrank stellen, bis er eiskalt ist. Mit frischem Schnittlauch bestreuen und mit gerösteten Semmelscheiben servieren.

Hervorragend passen dazu auch Paprikaschoten, nach Belieben können auch eisgekühlte Tomaten in Scheiben geschnitten dazu gereicht werden. Beliebt sind junge Zwiebeln als Beilage.

Vajas pogácsa

120 g Butter, 250 g Mehl, 20 g Hefe,
1 Eigelb, 1 Ei zum Bestreichen, Salz,
Milch, saure Sahne, Pfeffer

Butterpogatschen

Butter und Mehl vermengen, die Hefe in 2 Löffel lauwarmer Milch auflösen und hineingeben. Salzen, nach Geschmack auch pfeffern, das Eigelb und so viel saure Sahne hineingeben, daß durch Kneten ein entsprechend fester Teig entsteht. Gut durcharbeiten und auf einem mit Mehl bestreuten Brett fingerdick ausrollen. Mit einer runden Keksform ausstechen und auf ein gebuttertes Kuchenblech legen. 10 bis 12 Minuten gehen lassen, dann die Oberseite mit Ei bestreichen und in einer mittelwarmen Backröhre backen.
Frisch und warm servieren.

Kochen je nach Jahreszeit

In seiner alltäglichen Form ist das Mittagessen auf zwei bis drei sättigende, leichtere Gerichte beschränkt und wird zu der auch in anderen europäischen Ländern üblichen Zeit eingenommen. Es kommt jedoch besonders in den Städten häufig vor, daß es später wird. Nach der Suppe folgen als Hauptgericht die schmackhaften Fleischgerichte der ungarischen Küche wie z. B. Gulasch, Pörkölt, Paprikasch usw. Den Abschluß der Mahlzeit bildet häufig eine Mehlspeise. Oft wird auch zum Fleischgericht eine Mehlspeise als Beilage gereicht (z. B. Spätzle). Unter den Suppeneinlagen herrschen ebenfalls Mehlspeisen vor (z. B. gezupfter Nudelteig, Fadennudeln usw.).

Die größeren Feiertage haben für das Mittagsmahl ihre besondere Tradition. So kommt zu Weihnachten meist die mit Maronen gefüllte gebratene Pute auf den Tisch, der seit Jahrzehnten die Mohn- und Nußrolle folgt. Zu Silvester und Neujahr reicht man das knusprig braun gebratene Spanferkel, mit Rotkraut garniert. Zu dieser Zeit bereitet man auch gern Ferkelpörkölt oder Ferkelsülze. Als Süßspeise ißt man an diesen Festtagen in Fett Gebackenes wie Faschingskrapfen mit Aprikosenmarmelade, Spritzkuchen oder Ringe. Auch die stets beliebten, knusprigen Strudelarten und Blätterteig werden dann gebacken.

Im Vorfrühling – vor und nach Ostern – bevorzugt man gefülltes oder gebackenes Lamm, gespickten Lammrücken, Lammpörkölt und Lammpaprikasch sowie ein aus jungem Geflügel zubereitetes Brathuhn. Auch der mit Kirschen gefüllte Kirschstrudel ist sehr beliebt.

Diese traditionellen Feiertags-Speisefolgen basieren in erster Linie auf den Zutaten, die die jeweilige Jahreszeit bietet. Die für Weihnachten gemästete Pute, die im Spätherbst heruntergeschlagenen Maronen, Nüsse und der Mohn dienen selbstverständlich für die Speisen der Wintersaison. Auf diese Weise wurde das zarte Fleisch der im Frühjahr zur Welt gekommenen Lämmer zur Osterdelikatesse.

Die Traditionen leben noch, aber die Gebundenheiten an die Jahreszeiten sind im wesentlichen verschwunden. Als Tiefkühlkost oder als Konserve ist auch in

Ungarn immer fast alles zu beschaffen; von der Jungpute bis zu den zarten grünen Erbsen, von den Himbeeren bester Qualität bis zu den verarbeiteten Maronen.

Unabhängig von den Jahreszeiten gibt es zahlreiche ungarische Weine, die zu den verschiedenen Speisen passen. Nicht nur ein Gesetz garantiert den Qualitätsschutz und die strenge Kontrolle der Weine, sondern vor allem die laufende Kontrollarbeit eines Institutes, das mit der Überprüfung der einzelnen Jahrgänge, der Anbauorte, der Weingegenden und auch der Produktion einzelner Kellereien betraut ist.

Nach dem ungarischen Weingesetz dürfen nur solche Weine vertrieben werden, die das Institut qualifiziert hat. Diese Prüfung garantiert, daß der betreffende Wein seiner Bezeichnung, der angezeigten Sorte, der Weingegend und der Qualitätskategorie entspricht. Die hochwertigen Qualitätsweine werden extra geschützt.

Zu Fisch- und Eierspeisen ebenso wie zu den Vorspeisen sind unter den leichten Weißweinen der *Balatonfüreder Welschriesling* (Balatonfüredi olaszrizling), der *Csopaker Welschriesling* (Csopaki olaszrizling), der *Alfölder Tausendgut* (Alföldi ezerjó), der *Pécser Welschriesling* (Pécsi olaszrizling) und der *Villányer Welschriesling* (Villányi olaszrizling) zu empfehlen. Alle Weine haben ein angenehmes, mild-säuerliches, diskretes Bukett, und ihr Alkoholgehalt ist nicht allzu hoch.

Braten, Schmorbraten und Fleischgerichte, die stark gewürzt zubereitet werden, verlangen markantere Weine. Diese sind der *Alfölder Kadarka* (Alföldi kadarka), der *Debrőer Lindenblättrige* (Debrői hárslevelű), der *Badacsonyer Graue Mönch* (Badacsonyi szürkebarát) und der markante harte *Mórer Tausendgut* (Móri ezerjó).

Zu schwer verdaulichen, halb garen, auf englische Art zubereiteten Fleischgerichten, zum knusprigen Gänsebraten und zum berühmten gefüllten Kraut passen die den Magen stimulierenden schwereren Weine besonders gut. Dazu gehören der rubinrote *Ödenburger Blaufränkische* (Soproni kékfrankos) mit seinem würzigen Bukett, das mild-herbe *Erlauer Stierblut* (Egri bikavér), der *Villányer Oporto* (Villányi oportó) mit seiner duftenden Samtartigkeit und der feurige *Villányer Burgunder* (Villányi burgundi).

Zu Wildbretgerichten steigern der *Kunbajaer* (Kunbajai) oder der *Vaskúter Kadarka* (Vaskúti kadarka) mit ihrem konkreten Charakter noch die Geschmackswirkung.

Zu Desserts, Sufflés, Puddings und Parfaits gehört ein süßlicher Wein in die Gläser. Dies sind der vierjährige *Tokajer Samorodner* (Tokaji szamorodni) oder der *Badacsonyer Graue Mönch*.

Zu Strudel, Torten, gefüllten Palatschinken und sonstigen Konditoreiwaren kann der *Tokajer Ausbruch* (Tokaji aszú), eventuell der *Somlóer Furmint* (Somlói furmint), getrunken werden.

Das Mittagessen

Suppenrezepte

Hühnersuppe à la Újházi

Das geputzte und gewaschene Hühnchen in ca. 1,5 l Wasser zum Kochen ansetzen. Wenn es aufkocht, den Schaum abschöpfen, salzen, Pfefferkörner, Suppengrün, Zwiebeln, eine Knoblauchzehe, Sellerieknollen, einen Mokkalöffel Tomatenmark hineingeben und zugedeckt bei gleichmäßiger, schwacher Hitze weiterkochen. Inzwischen aus dem Ei und Mehl einen Teig kneten, ausrollen, in dünne Streifen schneiden, in reichlich Wasser gar kochen, kalt abspülen und bis zum Servieren beiseite stellen.

Die in dünne Scheiben geschnittenen Pilze, den zerlegten Blumenkohl, die Erbsen und die Spargelköpfe separat weich kochen, vermengen, etwas Hühnerbrühe dazugießen und bis zum Anrichten warm stellen. Wenn das Hühnchen gar ist, aus der Brühe nehmen, zerlegen und in etwas Brühe warm halten.

Die Brühe durchseihen, abschmecken und heiß stellen. Das Suppengrün in dünne Streifen schneiden und zum übrigen Gemüse geben.

Die Brühe in einer vorgewärmten Suppenterrine sehr heiß servieren: zuunterst das Hühnerfleisch legen, darauf das Gemüse, dann die Fadennudeln und zuletzt die heiße Brühe darübergießen. Etwas feingehackte Petersilie darüberstreuen. In einem Schälchen Meerrettich mit Essig dazu reichen.

Diese sehr beliebte Suppe ist nach dem ungarischen Schauspieler Ede Újházi benannt. Nimmt man eine größere Menge Gemüse, dient die Suppe als ausgezeichnetes Eintopfgericht. In diesem Falle Salzkartoffeln mit Petersilie und eine Soße (z. B. Tomaten-, Pilz- oder Apfelsoße) dazu reichen. Das Gericht wird dann so serviert, daß zuerst die Brühe mit der Suppeneinlage und danach das Fleisch mit den Kartoffeln, dem Gemüse und der Soße auf den Tisch kommt.
Das passende Getränk: Debrőer Lindenblättriger (Debrői hárslevelű).

Újházi jérceleves

1500 g Hühnchen, 300 g Suppengrün,
100 g Sellerieknollen, 80 g Zwiebeln,
100 g Pilze, 100 g grüne Erbsen,
100 g Blumenkohl, 100 g Spargelköpfe,
1 Ei, Mehl, Salz, Pfefferkörner,
1 Knoblauchzehe, Tomatenmark

Hideg borleves csészében

0,5 l Weißwein, 100 g Zucker, 2 Eigelb, 2 Nelken, 1 Stange Zimt, Zitronenschale, Apfelsinenschale, ½ Zitrone

Kalte Weinsuppe in Tassen

Den Wein mit 40 g Zucker, 0,1 l Wasser und den Gewürzen in einem Emailletopf zum Kochen aufsetzen. Inzwischen das Eigelb mit dem restlichen Zucker schaumig schlagen. Wenn der Wein aufgekocht ist, von der Flüssigkeit 1 bis 2 Schöpfkellen dem Eigelb zufügen und mit dem Schneebesen schnell verrühren. Aufgesetzt lassen, bis es leicht und schaumig ist. Bevor es aufkocht – nicht zum Kochen kommen lassen, denn sonst gerinnt das Ei – vom Herd nehmen, durchseihen und auskühlen lassen. Dann den Zitronensaft hineingeben, in Tassen gießen und in den Kühlschrank stellen. Nach Geschmack 4 bis 5 Minuten vor dem Auftragen 2 bis 3 Eiswürfel hinzufügen.

Spárgaleves szárnyas-aprólékkal

Geflügelklein zweier Hühnchen, 500 g Spargel, 40 g Fett, 0,1 l saure Sahne, 1 Semmel, 1 Ei, 1 Eigelb, Semmelmehl, 1 Zwiebel, Salz, Pfeffer, Petersilie

Spargelsuppe mit Geflügelklein

Leber, Magen, Hals und Beine der Hühnchen kleinschneiden, gut waschen und in kochendem Wasser aufsetzen. Wenn das Wasser erneut aufkocht, das Geflügelklein herausnehmen und abspülen. In heißem Fett eine kleine Zwiebel rösten, das Geflügelklein hineingeben, gehackte Petersilie darüberstreuen, salzen, pfeffern und zugedeckt bei milder Hitze fast weich dünsten. Ab und zu umrühren. Inzwischen den Spargel schälen, in kleine Stücke schneiden und fast weich kochen. Es soll ungefähr 0,8 l Wasser bleiben. Zu dem Geflügelklein gießen und nach Geschmack pfeffern und salzen; aufkochen lassen.
Kleine Semmelklöße aus einer eingeweichten, ausgedrückten Semmel, einem Ei, einem Eigelb und etwas Semmelmehl kneten, salzen, pfeffern, mit gehackter Petersilie abschmecken und hineingeben. Schwimmen die Semmelklöße an der Oberfläche der Suppe, ist sie fertig zum Servieren. Nach Belieben kann noch 0,1 l saure oder süße Sahne darin verrührt werden.

Tejfeles paprikás halleves

600 g Fisch, 200 g Rogen oder Milch, 20 g Salz, 1 Lorbeerblatt, 10 g Edelsüß-Paprika, ½ Zitrone, 120 g Suppengrün, 40 g Fett, 20 g Mehl, 50 g Zwiebeln, 10 g Pfeffer, 0,1 l Weißwein, 0,1 l süße Sahne, 0,1 l Joghurt, 2 trockene Semmeln, 1 Bündchen Petersilie

Paprika-Fischsuppe mit saurer Sahne

Fisch und Rogen gesäubert und gewaschen in so viel Wasser aufsetzen, daß sie gerade bedeckt sind, leicht salzen, kochen. Durchsieben, das Fischfleisch entgräten und beiseite stellen. Die Milch in die Fischbrühe geben und diese weiterkochen. Das Suppengrün in feine Streifen schneiden und in wenig Fett mit der kleingeschnittenen Zwiebel und dem Lorbeerblatt halbgar dünsten.
Nimmt das Fett eine rostbraune Farbe an, 5 g Paprika und die gehackte Petersilie darüberstreuen und mit der Fischbrühe auffüllen. Weißwein hinzugießen, salzen, pfeffern und fast fertigkochen. Aus dem restlichen Fett und der Hälfte des Mehls eine dunkle Schwitze bereiten, die andere Hälfte des Paprikas hineingeben, mit wenig Wasser glattrühren und die Schwitze in die Suppe gießen.

Aufpassen, daß sich keine Klümpchen bilden. Weich kochen. Wenn nötig, nochmals salzen und pfeffern – eventuell auch mit etwas Zucker abschmecken – und schließlich die mit Mehl vermischte süße Sahne sämig rühren und das Ganze nochmals aufkochen lassen.

Das gekochte Fischfleisch und den Rogen gleichmäßig verteilen, die heiße Suppe darübergießen, mit Zitronensaft und Joghurt abschmecken.

Inzwischen aus der trockenen Semmel kleine Würfel schneiden und ohne Fett in einer Pfanne im Backherd rösten. Vor dem Servieren in die Suppe tun.

Kohlsuppe mit Suppengrün

Zöldséges káposztaleves

150 g frische Tomaten, 400 g Schweinefleisch, Schweineknochen, 60 g Räucherspeck, 60 g Fett, 100 g Zwiebeln, 200 g Suppengrün, 250 g Weißkohl, 150 g Kartoffeln, 0,2 l saure Sahne, Edelsüß-Paprika, Mehl, Salz, frischer Dill, Petersilie, Pfeffer

Das magere Schweinefleisch in kleine Würfel schneiden, mit einem Eßlöffel Fett und einer kleingeschnittenen Zwiebel aufsetzen, mit etwas Paprika bestreuen. Den Räucherspeck in kleine Würfel schneiden und in einer Pfanne glasig braten. Eine kleingeschnittene Zwiebel hineintun und leicht rösten. Das in kleine Würfel geschnittene Suppengrün hineingeben, etwas gehackte Petersilie und feingewiegten Dill darüberstreuen und bei schwacher Hitze zugedeckt fast gar dünsten. Dann mit der Knochenbrühe auffüllen, die separat aus den Schweineknochen zubereitet wurde, salzen, pfeffern und das fast Fertiggeschmorte hinzutun. Danach den feingeschnittenen Kohl, die in kleine Würfel geschnittenen Kartoffeln und die zerschnittenen Tomaten hineingeben. Zugedeckt weich kochen. Aus 30 g Fett und 20 g Mehl eine helle Schwitze bereiten und damit die Suppe binden. Zwei kleine Essiggurken in Stückchen schneiden, beigeben, mit dem Schneebesen die saure Sahne in der Suppe verrühren, salzen, pfeffern und nochmals aufkochen lassen.

Vor dem Auftragen mit etwas Saft von den Essiggurken abschmecken, frisch geschnittenen Dill darüberstreuen und heiß servieren. Es kann noch etwas saure Sahne darangegeben werden.

Grüne Erbsensuppe

Zöldborsóleves

300 g Kalbsknochen, 100 g Suppengrün, 300 g enthülste Erbsen, 50 g Fett, 30 g Mehl, 1 Ei, Salz, Zucker, Petersilie

Knochen und Suppengrün in 1,5 l Wasser zum Kochen aufsetzen. Leicht salzen und nach ungefähr einstündigem Kochen eine gute Knochenbrühe bereiten. Inzwischen die Erbsen leicht salzen, zuckern und im geschlossenen Topf mit wenig Fett (1 Löffel) fast gar dünsten. Mit etwas feingehackter Petersilie bestreuen. Mit der durchgeseihten Knochenbrühe auffüllen und aufkochen lassen. Aus 20 g Fett und dem Mehl eine helle Mehlschwitze bereiten, vom Herd nehmen, feingehackte Petersilie hineingeben und in der Suppe verquirlen.

Gut aufkochen lassen, nochmals abschmecken. Als Suppeneinlage Nockerln mitkochen.

Die Nockerln werden aus dem Ei zubereitet, dem so viel Mehl zugegeben wird, bis ein fester Nockerlteig entsteht. Den Teig teelöffelweise in die wallende Suppe geben.

Eine sehr beliebte Suppe, vor allem im Frühjahr, wenn sie aus zarten Zuckererbsen zubereitet wird. In einigen Gegenden Transdanubiens wird sie ohne Schwitze gekocht. In diesem Fall kann man eine kleine, in Würfel geschnittene Mohrrübe und eine Sellerieknolle mit den Erbsen dünsten. Die Erbsensuppe kann auch vor dem Servieren mit einem in 0,1 l süßer Sahne verquirlten Eigelb gebunden werden, darf dann aber nicht mehr aufkochen.

Orosházi zöldségleves

200 g Suppengrün, 150 g geräucherter Kaiserspeck (roh), 100 g frische Bohnen, 100 g Wirsingkohl, 0,15 l saure Sahne, Salz, Pfeffer, frische Tomaten, Petersilie, 1 Zwiebel, 1 Knoblauchzehe, Selleriegrün, Thymian

Gemüsesuppe à la Orosháza

Den geräucherten Kaiserspeck – es kann auch fleischiger Räucherspeck sein – in kleine Würfel schneiden und in einem Emailletopf gelblich rösten. 20 bis 30 g kleingeschnittene Zwiebeln hinzufügen, zusammen einige Sekunden rösten und das gesäuberte und in kurze Streifen geschnittene Suppengrün zufügen. Bei mäßiger Hitze und unter öfterem Rühren 4 bis 5 Minuten rösten, die gewaschenen, frischen Bohnen und den in Streifen geschnittenen Wirsingkohl beigeben. Salzen, pfeffern, nach Belieben auch mit etwas Majoran, einer zerdrückten Zehe Knoblauch, feingehackter Petersilie, Selleriegrün und schließlich mit etwas Thymian würzen. Das Kochgut bei mäßiger Hitze 2 bis 3 Minuten weiterrösten, dann mit 1,5 l Wasser auffüllen, bedeckt weich kochen. Bevor es vollkommen gar ist, 1 bis 2 frische Tomaten zerschnitten hinzutun. Wenn das Ganze weich ist, die saure Sahne in einer Schale mit einem Teelöffel Mehl verrühren, mit 0,05 l kaltem Wasser auffüllen und unter vorsichtigem Rühren, damit das Gemüse nicht zerfällt, in die kochende Suppe gießen. Abschmecken, 2 bis 3 Minuten kochen. Heiß auftischen. In Fett geröstete, mit Knoblauch bestrichene Brotscheiben (*fokhagymás pirítós*) dazugeben.

In dieser wohlschmeckenden und nahrhaften Suppe vereinigen sich die Ansprüche der modernen Ernährung (viele Gemüsesorten) und die ungarische Kochtechnik. Orosháza ist ein Zentrum der Geflügelzucht, deshalb wird die Suppe dort auch mit Geflügelklein zubereitet, was ihr einen noch besseren Geschmack verleiht.

Erdélyi fűszeres leves

1 l Fleischbrühe, 2 Semmeln,
50 g Butter, 0,1 l saure Sahne,
2 Eigelb, Dill, Schnittlauch,
Petersilie, Selleriegrün

Siebenbürger Gewürzsuppe

Zu dieser Suppe wird vorher 1 l gute Fleischbrühe gekocht. Die trockenen Semmeln in feine Streifen schneiden und bei mittlerer Hitze in der Backröhre in ein wenig Butter goldgelb rösten und warm halten. Dann ein Bündchen Petersilie und Schnittlauch, frischen Dill und einige Sellerieblätter gut waschen und zusammen hacken. In einen kleinen Topf 0,1 l saure oder süße Sahne und 2 Eigelb geben. Die abgeseihte Brühe ganz entfetten, aufkochen und in einem dünnen Strahl unter schnellem Rühren zu Sahne und Eigelb gießen. Auf milder Hitze lassen, damit die Suppe nicht aufkocht. Vom Herd nehmen, die Gewürzkräuter in der Suppe verrühren, wodurch sie einen köstlichen Geschmack bekommt.
Die Gewürzkräuter dürfen pro Portion nicht mehr als einen Teelöffel betragen. Sofort heiß mit den Semmeln servieren.

Die Suppe kann auch mit etwas Zitronensaft abgeschmeckt werden, aber nur im Augenblick des Auftischens, da sonst die Sahne gerinnt.

Lebbencsleves

200 g Mehl, 200 g Kartoffeln,
10 g Edelsüß-Paprika, 1 Ei,
80 g Räucherspeck, 2 Paprikaschoten,
2 frische Tomaten, 1 Zwiebel, Salz,
Pfeffer, Majoran

Lebbentschsuppe

Aus dem Ei mit etwas Mehl einen leicht gesalzenen Knetteig bereiten und auf dem mehligen Nudelbrett ganz dünn ausrollen, in kleinere Stücke reißen und trocknen lassen. Das ist der Lebbentschteig, die Grundlage für diese Suppe. Den Räucherspeck in kleine Würfel schneiden, in der Pfanne ausbraten, die Grieben beiseite stellen und in der Hälfte Fett 20 bis 30 g feingeschnittene Zwiebeln rösten, mit Edelsüß-Paprika bestreuen. In kleine Würfel geschnittene Kartoffeln, die zerkleinerten Paprikaschoten und Tomaten beigeben. Salzen, pfeffern und mit einer Prise Majoran abschmecken. Einige Sekunden unter ständigem Rühren rösten und mit so viel Wasser auffüllen, daß die Flüssigkeit der Menge der Suppe entspricht, dann aufkochen. Inzwischen in der anderen Hälfte Fett auf der Herdplatte oder in der Backröhre den Lebbentschteig rösten. Sind die Kartoffeln in der Suppe halb gar, den Teig und die Grieben hineingeben, nochmals abschmecken und zusammen gar kochen. Sofort heiß servieren.

Die Lebbentschsuppe ist eine Spezialität der Tiefebene, dort wird sie besonders schmackhaft zubereitet. Eine große Rolle spielt dabei die Paprikaproduktion der Paprikazentren Szeged und Kalocsa.

Gulaschsuppe

Rindfleisch und Rinderherz werden in kleine Stücke geschnitten. Die zerkleinerte Zwiebel in heißem Fett dünsten, mit Rosenpaprika bestreuen. Das gewaschene Fleisch hinzufügen, salzen und im geschlossenen Topf unter Zugabe von etwas Wasser fast gar kochen. Eine Knoblauchzehe und 0,5 g Kümmel zusammen kleinschneiden, die zerkleinerten Paprikaschoten und die Tomaten dazugeben. Bevor das Fleisch ganz weich ist, die in kleine Würfel geschnittenen Kartoffeln hinzufügen und mit so viel Wasser auffüllen, wie für die Suppe vorgesehen ist. Mit Salz, etwas Pfeffer und einer Prise Majoran abschmecken und gar kochen. Aus einem Ei und etwas Mehl einen Teig kneten, in kleine Stückchen zupfen und in der Suppe weich kochen. (Diese Suppeneinlage nennt man „csipetke".)
Sofort heiß auftragen.

Diese Suppe wird oft mit dem Kesselgulasch verwechselt. Mit der Suppe beginnt die Mahlzeit, während das Kesselgulasch ein sättigendes Hauptgericht ist.
Die falsche Gulaschsuppe schmeckt auch sehr gut. Die Zubereitung ist die gleiche, nur fehlt dabei das Fleisch.

Gulyásleves

300 g Rindfleisch, 50 g Rinderherz, 40 g Fett, 200 g Kartoffeln, 2 Paprikaschoten, 1 frische Tomate, 1 Ei, 60 g Zwiebeln, 10 g Rosenpaprika, Salz, 1 Knoblauchzehe, Kümmel, Mehl, Pfeffer, Majoran

Bohnensuppe à la Jókai

Die Bohnen einweichen und mit dem geräucherten Eisbein zum Kochen aufsetzen. Leicht salzen. Auch das kleingeschnittene Suppengrün und die Räucherwurst – möglichst Debreziner Würstchen – hineingeben. Bevor die Bohnen und das Eisbein weich sind, eine helle Schwitze bereiten, in die eine kleine, feingeschnittene Zwiebel und eine zerdrückte Knoblauchzehe kommen, mit 20 g Rosenpaprika bestreuen und verrühren. Das Eisbein aus der Suppe nehmen, die Schwitze auf die Bohnen gießen, mit Pfeffer abschmecken und gar kochen. Mit Mehl und einem Ei einen Teig kneten und in die Suppe zupfen. Vor dem Servieren das Fleisch vom Knochen lösen und mit den in Scheiben geschnittenen Debrezinern wieder in die Suppe legen. Saure Sahne unterrühren.
Heiß servieren.

Die Suppe wurde von Mór Jókai, einem bekannten ungarischen Schriftsteller, besonders gern gegessen. Als Mahlzeit beschließt man sie mit einer leichten Süßspeise.

Jókai bableves

ca. 500 g geräuchertes Eisbein, 200 g Räucherwurst, 150 g Bohnen, 150 g Suppengrün, 50 g Fett, 0,2 l saure Sahne, 1 Ei, Mehl, Salz, Rosenpaprika, Pfeffer, 1 Knoblauchzehe, Petersilie, 1 Zwiebel

Bácskai ürüraguleves

600 g Hammelfleisch (ohne Knochen, mit etwas Leber und Herz),
50 g Fett, 100 g Räucherspeck,
150 g Suppengrün, 120 g Bohnen,
0,1 l saure Sahne, 2 Paprikaschoten,
1 Ei, 1 Semmel, Petersilie, Mehl,
Salz, Pfeffer, 1 Zwiebel,
1 Knoblauchzehe, Lorbeerblatt

Hammelragoutsuppe à la Batschka

Die Bohnen zum Kochen aufsetzen. Das Hammelfleisch, die Leber und das Herz zerkleinern, abbrühen und gut waschen. Eine kleine Zwiebel in heißem Fett dünsten, das Fleisch hineingeben, Suppengrün und Paprikaschoten kleinschneiden und beifügen, mit Salz und Pfeffer abschmecken. Lorbeerblatt, Knoblauchzehe, Räucherspeck dazugeben und mit so viel Flüssigkeit auffüllen, wie zur Suppe nötig ist. Wenn das Fleisch fast gar ist, die Suppe mit einer Schwitze binden und fertigkochen. Schließlich aus einer eingeweichten, ausgedrückten Semmel, einem ganzen Ei und Semmelmehl einen Teig kneten, kleine Semmelklößchen formen und mit der Suppe kochen. Wenn alles fertig ist, die separat gekochten Bohnen zugeben, die saure Sahne in der Suppe verrühren, abschmecken. Den Speck in kleine Stücke schneiden, in die Suppe geben, mit feingewiegter Petersilie bestreuen.
Heiß servieren.

Diese in der Batschka (heute: Jugoslawien) beliebte Suppe kann im Vorfrühling auch mit Lammfleisch und Leber zubereitet werden. In einigen Gegenden Ungarns bilden Nockerln die Einlage anstelle der Semmelklößchen.

Daragaluska

100 g Grieß, 50 g Fett, 1 Ei, Salz

Grießklößchen für die Fleischbrühe

Fett und Ei schaumig rühren, den Grieß hineingeben, etwas salzen und gut verrühren. Eine halbe Stunde beiseite stellen, dann eßlöffelweise die Masse in die kochende Suppe geben. Der Löffel muß jedesmal in die Suppe getaucht werden. Langsam kochen, bis die Klößchen weich sind, vom Herd nehmen und aufgehen lassen. Mit dem Schaumlöffel vorsichtig herausnehmen, so daß die Klößchen nicht auseinanderfallen.

Májgombóc

120 g Schweine- oder Kalbsleber,
30 g Fett, 20 g Mehl, 20 g Semmelmehl,
1 Semmel, 1 Ei, Salz, 30 g Zwiebeln,
Pfeffer, Majoran, Petersilie

Leberklößchen für die Fleischbrühe

Die Leber durch den Fleischwolf drehen, die eingeweichte und ausgedrückte Semmel dazugeben. Die feingeschnittenen Zwiebeln in heißem Fett dünsten, einen Teelöffel feingewiegte Petersilie beifügen und das Ganze mit der Leber vermischen. Mit Salz, Pfeffer und Majoran abschmecken, das Ei, Mehl und Semmelmehl hineingeben, gut verrühren und kleine Klößchen formen. In der siedenden Suppe bei milder Hitze kochen, bis die Klößchen gar sind und aufgehen.

Húsleves

600 g Schwanzstück, Brust oder Bug vom Rind, 200 g Knochen, 300 g Suppengrün (Petersilienwurzel, Sellerie, Mohrrübe), 80 g Zwiebeln, 50 g frische Tomaten (oder 1 Teelöffel Tomatenmark), 50 g Kohlrabi, 100 g Wirsingkohl, 1 Paprikaschote, 1 Knoblauchzehe, Salz, Pfefferkörner

Fleischbrühe

Fleisch und Knochen waschen, in kaltem Wasser zum Kochen aufsetzen, die Knochen unten. Nach dem Aufkochen abschäumen (sonst wird die Brühe trübe), salzen und bei milder Hitze ungefähr eine Stunde kochen. Danach Suppengrün, Zwiebel, Knoblauch und Pfefferkörner hineingeben und bei milder Hitze so lange kochen, bis das Fleisch weich ist. Während die Suppe kocht, die Einlage zubereiten. Es gibt vielerlei Einlagen wie Fadennudeln, geriebenen Teig usw.; es können aber auch Leberklöße, Grießklöße und dergleichen sein. Das Fleisch aus der Brühe nehmen, wenn sie klar ist, löffelweise durchseihen. Sie darf nicht gegossen werden, da sie sonst trübe wird. Sollte die Brühe zu fett sein, vor dem Servieren das Fett abgießen.

Mit der Einlage und dem fein geschnittenen Gemüse heiß auftragen.

Fleischbrühe ist eines der Lieblingsgerichte der Ungarn und wird vor allem an Festtagen gern gekocht. Nur im Abschmecken bestehen in den verschiedenen Gegenden gewisse Unterschiede. Man kann Ingwer, Porree oder etwas Muskatnuß mitkochen. Sehr beliebt ist das in der Suppe gekochte Mark, das auf geröstete Brotscheibchen gelegt, gesalzen, gepfeffert und mit etwas Paprika bestreut vor oder mit der Brühe serviert wird.

Rezepte für Beilagen, Gemüse, Salate und Soßen

Paprikakartoffeln

Eine feingeschnittene Zwiebel im Fett dünsten, mit Paprika bestreuen, umrühren und mit 0,1 l Wasser aufkochen. Die in Stücke geschnittenen Kartoffeln und die in Scheiben geschnittenen Paprikaschoten und Tomaten hineinlegen und salzen. Eine Knoblauchzehe und etwas Kümmel feinhacken und hineingeben. Zum Schluß so viel Wasser dazugießen, daß die Kartoffeln zur Hälfte bedeckt sind. Zugedeckt gar kochen.

Paprikakartoffeln sind eines der beliebtesten ungarischen Nationalgerichte. In den verschiedenen Gebieten des Landes werden sie verschiedenartig serviert. Viele Menschen essen sie gern mit Räucherwurst oder mit Debreziner Würstchen gekocht. Im Winter wird als Garnierung Paprikasalat, im Sommer Gurken- oder Kopfsalat dazu gereicht.
Dazu passendes Getränk: Mórer Tausendgut (Móri ezerjó).

Paprikás krumpli

800 g Kartoffeln, 80 g Fett, 2 Paprikaschoten, 2 frische Tomaten, 20 g Edelsüß-Paprika, 100 g Zwiebeln, Salz, Kümmel, 1 Knoblauchzehe

Kartoffelpfannkuchen

Die durchgepreßten, ausgekühlten Kartoffeln und das Mehl in eine tiefe Schüssel geben, mit Salz und Pfeffer abschmecken, ein ganzes Ei und ein Eigelb sowie die Hälfte des geriebenen Käses hineingeben. Gut durchkneten, auf einem mit Mehl bestreuten Brett fingerdick ausrollen und mit einer Pfannkuchenform ausstechen. In die Mitte eines Pfannkuchens Schinken legen, den Rand mit Eiweiß bestreichen und einen etwas kleineren Pfannkuchen darauflegen. Die Seiten etwas zusammendrücken, damit der Pfannkuchen beim Backen nicht auseinanderfällt. In reichlich heißem Fett beiderseitig knusprig backen und vor dem Servieren mit geriebenem Käse bestreuen.
Heiß servieren. In einer Soßenschüssel eine Käsesoße dazu reichen.

Burgonyafánk

300 g gekochte Kartoffeln, 200 g Mehl, 2 Eier, 100 g geriebener Käse, 100 g durchgedrehter Schinken, Salz, Pfeffer, Käsesoße, Fett zum Ausbraten

Galuska

400 g Mehl, 20 g Salz, 50 g Fett,
2 Eier

Spätzle, Nockerln

Das Mehl in eine tiefe Schüssel sieben. Die Eier einzeln darüber aufschlagen, etwas salzen und so viel kaltes Wasser hinzugeben, wie die Eier ausmachen. Mit dem Schneebesen glattrühren und mit einem Holzlöffel nach und nach unter das Mehl heben, so daß ein mittelfester Spätzleteig entsteht. Ist der Teig zu fest geworden, schüttet man etwas Wasser nach; ist er zu flüssig, etwas Mehl. Salzwasser aufkochen und die Spätzle durch eine Spätzlemaschine oder mit dem Messer vom Brett geschabt ins kochende Wasser geben.
Sind die Spätzle gut aufgekocht, umrühren. Wenn sie an der Oberfläche schwimmen, mit einem Sieb herausnehmen, in kaltes Wasser legen, gut umrühren und abtropfen lassen. In heißem Fett gut verrühren und etwas nachsalzen. Nach dem Erhitzen sofort servieren.

Die so hergestellten Spätzle können auch als selbständiges Abendessen serviert werden. Zum Beispiel drei ganze Eier verquirlen, darübergießen und auf dem Herd so lange rühren, bis die Eier sich verdicken. Heiß servieren, Kopfsalat dazu reichen. Dieses fleischlose Abendessen ist besonders für den Frühsommer geeignet. Man kann die heißen Spätzle auch mit frischem Schafkäse bestreuen und je nach Geschmack mit gehacktem Dill servieren.

Tarhonya

400 g Mehl, 3 Eier, 100 g Räucher-speck, 2 Paprikaschoten, 1 frische Tomate, Salz, 1 Zwiebel, Edelsüß-Paprika

Eiergraupen

Das Mehl mit den Eiern kneten, etwas salzen und einen festen Teig bereiten. Diesen durch ein Sieb mit linsengroßen Löchern pressen und auf einem mit Mehl bestreuten Brett zum Trocknen ausbreiten.
Den in kleine Würfel geschnittenen Räucherspeck glasig braten. Die Eiergraupen hineinlegen und goldgelb rösten. Eine Messerspitze feingeschnittene Zwiebel und 5 g Edelsüß-Paprika dazugeben, salzen, vermischen und so viel heißes Wasser dazugießen, wie die Graupen ausmachen. Die Paprikaschoten und Tomaten kleinschneiden und hineingeben. Zugedeckt weich dünsten.

Eiergraupen sind eine echt ungarische Beilage, deren engere Heimat die ungarische Tiefebene, genauer gesagt die Gegend um Szeged und Hódmezővásárhely, ist, sie werden aber auch in anderen Gegenden hervorragend zubereitet. Meistens werden Eiergraupen als Beilage zu Paprikaspeisen verwendet, sie sind aber auch in Suppen ausgezeichnet.

Lecsó

500 g Paprikaschoten, 300 g frische Tomaten, 80 g Räucherspeck, 100 g Zwiebeln, 10 g Edelsüß-Paprika, Salz

Letscho

Die Paprikaschoten von Stiel und Scheidewänden befreien, entkernen und in kleine Stücke schneiden, ebenso die frischen Tomaten.

Den Räucherspeck in Würfel schneiden, in der Pfanne halb ausbraten und darin die in dünne Scheiben geschnittenen Zwiebeln dünsten. Mit Paprika bestreuen und die in Stücke geschnittenen Paprikaschoten dazugeben, salzen und unter mehrmaligem Umrühren im geschlossenen Topf 4 bis 5 Minuten halbgar dünsten. Die frischen Tomaten hineingeben, eventuell etwas nachsalzen und bei starker Hitze 4 bis 5 Minuten gar dünsten, wobei mehrmals umgerührt wird.

Räucherwurst, Debreziner oder Würstchen können gleich mitgekocht und zusammen serviert werden. Saure Gurken oder Gurkensalat dazu reichen.

Letscho kann auch zu frisch gebratenen Fleischspeisen gereicht werden. In diesem Fall wird das gebratene Fleisch kurz in das fertige Letschogericht gelegt, beides zusammen aufgekocht und sofort serviert.

Beim Servieren das Fleisch zuunterst legen und das Letscho darüberhäufen. Wenn Letscho mit Fleisch serviert wird, kann als Beilage gedünsteter Reis mit Petersilie dazu gereicht werden.

Ausgezeichnet schmeckt Letscho auch mit Pilzen. Zu diesem Gericht wird das Letscho auf die oben beschriebene Weise zubereitet. 300 g Pilze reinigen, kleinschneiden und in einer Pfanne mit 30 g Fett bei starker Hitze, unter ständigem Rühren 3 bis 4 Minuten lang dünsten. Die Pilze mit etwas gemahlenem Pfeffer und kleingehackter Petersilie würzen. Das separat zubereitete Letscho dazugeben und 3 bis 4 Minuten zugedeckt bei mittlerer Hitze dünsten. Als Beilage Reis und Kopfsalat reichen.

Lecsós rizs

300 g frische Tomaten, 500 g Paprikaschoten, 100 g Zwiebeln, 100 g Räucherspeck, 200 g Reis, 40 g Fett, Salz, Edelsüß-Paprika

Letschoreis

Den Reis dünsten, doch nur 15 Minuten in der Backröhre lassen. Den Räucherspeck in kleine Würfel schneiden und in einer Pfanne glasig braten, die kleingeschnittenen Zwiebeln dazugeben und 1 bis 2 Minuten unter Rühren weiterdünsten. Die kleingeschnittenen Paprikascheiben hineinlegen. Unter ständigem Rühren fast weich dünsten. Salzen, mit etwas Paprika bestreuen, die kleingeschnittenen Tomaten dazugeben und zusammen 2 bis 3 Minuten dünsten. Das Ganze unter den Reis mischen und 4 bis 5 Minuten in die Backröhre stellen. Mit gekochten oder gebratenen Würstchen (Debreziner) oder pro Person je einer kleinen Scheibe frisch gebratenem Schweinefleisch servieren.

Auch hartgekochte Eier passen gut dazu. Man reicht je nach Geschmack Kopfsalat, Gurkensalat mit saurer Sahne oder tiefgekühlte saure Gurken dazu.

Letschoreis mit Erbsen und grünen Bohnen

Wird genauso wie der Letschoreis zubereitet, nur gibt man, wenn der Reis mit dem frisch gedünsteten Letscho vermischt wird, 150 g grüne Konservenerbsen und 150 g grüne Konservenbohnen dazu und läßt es etwas länger in der Backröhre, damit der Letschogeschmack in das Gemüse eindringt. Die Bohnen werden vorher zerkleinert.

Lecsós rizs zöld-borsóval és zöldbabbal

Gesäuerter junger Kohl, gedünstet

Den gesäuberten und gut gewaschenen Kohl in dünne Streifen schneiden oder hobeln, wobei vorher der Strunk herausgeschnitten wird.

In ein entsprechend großes Glas schichten, jede Schicht salzen und gut hineindrücken. Dann einige Pfefferkörner, 1 Lorbeerblatt, 1 bis 2 kleinere rote Paprikaschoten, eine kleine Scheibe trockenes Brot und etwas schwach gesalzenes, lauwarmes, gekochtes Wasser darübergießen. Etwas Dill hineinlegen.

An einem lauwarmen Platz stehenlassen. Nach einigen Tagen gärt der Kohl und wird sauer. Wenn die notwendige Reife erreicht ist, die Gewürze entfernen und kalt stellen.

Falls zu wenig Flüssigkeit darauf ist, etwas Salzwasser aufkochen, auskühlen lassen und damit den Kohl übergießen, so daß die Flüssigkeit den Kohl bedeckt.

Aus dem selbst eingesäuerten Kohl bereitet man auf folgende Art gedünsteten Kohl:

60 g Räucherspeck in Würfel schneiden und in einem entsprechend großen Emailletopf ausbraten, 20 g Zucker darin goldgelb rösten, eine kleine Zwiebel zerschneiden und hineingeben, kurz dünsten. Eine Messerspitze Kümmel darüberstreuen, vermischen und den Kohl dazugeben. Leicht salzen, pfeffern und mit etwas Kohlsaft säuern. Unter mehrmaligem Umrühren bei mäßiger Hitze im geschlossenen Topf gar dünsten.

200 g frische Tomaten in kleine Stücke schneiden und bei starker Hitze unter ständigem Rühren 1 bis 2 Minuten lang in wenig Fett dünsten. Mit Salz, Pfeffer und etwas feingewiegter Petersilie würzen. Bevor der Kohl ganz weich ist, vorsichtig umrühren, damit die Tomatenstückchen nicht zerfallen. Zugedeckt in einer mäßig warmen Röhre 4 bis 5 Minuten dünsten. Aus der Röhre nehmen, je nach Geschmack mit etwas Essig und Zucker gut verrühren. Sofort heiß servieren.

Der Geschmack wird noch gehoben, wenn man vor dem Servieren etwas feingeschnittenen Dill darüberstreut. Man serviert den Kohl zu Schweine- und Gänsebraten oder zu gebratener Hausmacherwurst.

Nyár eleji párolt káposzta

1 kg zarter Weißkohl, 1 Scheibe Brot, 2 kleine rote Paprikaschoten, 60 g Räucherspeck, 200 g frische Tomaten, Salz, Pfefferkörner, Lorbeerblatt, Zucker, 1 Zwiebel, Kümmel, Fett, frische Petersilie, frischer Dill

Párolt káposzta gesztenyével és vörösborral

1250 g Rotkohl, 300 g Maronen, 80 g Butter, 0,1 l Milch, 0,2 l Rotwein, Salz, Zucker, Essig, Pfeffer

Gedünsteter Rotkohl mit Maronen und Rotwein

Die Maronen gut waschen, mit einem spitzen Messer einschneiden und in eine Bratpfanne legen. In einer mäßig warmen Backröhre so lange braten, bis die Schale aufplatzt und sich mit der Hand leicht entfernen läßt. Dann aus der Röhre nehmen, die Schale entfernen und die Maronen in einen Topf geben. So viel Milch und Wasser darübergießen, daß die Maronen gerade bedeckt sind. Zugedeckt bei mittlerer Hitze in der Röhre lassen, bis die Flüssigkeit verkocht ist.

Die Maronen kleinschneiden und warm stellen. Inzwischen den Rotkohl und die übrigen Zutaten mit dem Rotwein dünsten. Mit etwas Pfeffer würzen. Den Kohl fast gar dünsten, die Maronen vorsichtig daruntermischen und zugedeckt 4 bis 5 Minuten in die warme Röhre stellen.

Gedünsteter Kohl paßt ausgezeichnet zu gebratenem Fasan, Perlhuhn oder zu gebratenem Schweinefleisch.

Zöldbab lecsóval

500 g grüne Bohnen, 300 g Paprikaschoten, 200 g frische Tomaten, Fett, 1 Zwiebel, Salz, Paprika

Grüne Bohnen mit Letscho

Die grünen Bohnen wie üblich gar kochen und das Bohnenwasser abgießen. Inzwischen aus den Paprikaschoten, den Tomaten und etwas in Fett gedünsteter Zwiebel Letscho bereiten (s. S. 40).

Bevor das Letscho ganz weich ist, die gekochten Bohnen hineingeben und würzen, gut umrühren und fertigkochen.

Wurst oder Würstchen werden mitgekocht und zusammen mit dem Letscho serviert.

Zöldbabfőzelék

600 g grüne Bohnen, 40 g Fett, 40 g Mehl, 0,2 l saure Sahne, Salz, Pfeffer, Essig, 1 Zwiebel, 1 Knoblauchzehe, frische Petersilie, 5 g Edelsüß-Paprika

Grüne Bohnen, geschnitzelt

Die gereinigten und in kleinere Stücke geschnittenen grünen Bohnen gut gewaschen in so viel Wasser kochen, daß die Bohnen gerade bedeckt sind, salzen und fast gar kochen. In der Zwischenzeit eine helle Schwitze bereiten; nach und nach die kleingeschnittene Zwiebel und den zerkleinerten Knoblauch hineingeben, mit Paprika bestreuen und alles gut verrühren. Zum Schluß einen Teelöffel gehackte Petersilie untermischen und das Gemüse hineingeben. Die saure Sahne darübergießen, nachsalzen und gar kochen. Vor dem Servieren je nach Geschmack mit etwas Essig, Zucker oder Pfeffer abschmecken.

Sofort heiß auftragen.

Tejfeles tökfőzelék

800 g gehobelter Kürbis,
30 g Zwiebeln, 50 g Fett, 50 g Mehl,
0,2 l saure Sahne, 1 Bund frischer Dill,
5 g Edelsüß-Paprika, Salz, Zucker,
Essig

Kürbisgemüse mit saurer Sahne

Den gehobelten Kürbis salzen und einige Minuten stehen lassen. In der Zwischenzeit eine helle Mehlschwitze bereiten, die kleingeschnittene Zwiebel und den gehackten Dill dazugeben, mit Paprika bestreuen, umrühren, 0,1 l kaltes Wasser hineingeben und das Ganze mit dem Schneebesen glattrühren. Aus dem gehobelten Kürbis das Salzwasser gut ausdrücken, den Kürbis hineingeben, leicht salzen, mit etwas Essig abschmecken und im geschlossenen Topf auf mäßigem Feuer fast gar kochen. Saure Sahne hinzugeben, mit Salz abschmecken, eine Prise Zucker dazutun und gar kochen.
Sofort heiß servieren.
Kurz vor dem Auftragen die Oberfläche mit etwas saurer Sahne begießen.

Kürbisgemüse gehört zu den feinsten Gemüsesorten in Ungarn, besonders wenn man zarten, jungen Kürbis nimmt. Je nach Geschmack verwendet man anstelle von Essig auch Zitronensaft, anstatt der sauren Sahne auch süße; davon reicht allerdings die Hälfte.
In Transdanubien bereitet man Kürbisgemüse mit Tomaten. In dieses Gericht kommen dann weder saure Sahne noch Dill.
Kürbisgemüse mit saurer Sahne paßt als Beilage zu vielen Speisen: zu gebratenem Schweinefleisch, knusprigem Gänsebraten, Hackbraten, gebratenen Schweinekoteletts usw.

Kovászos uborka

2 kg Gurken, frischer Dill, Salz,
1 Knoblauchzehe, Brot

Gesäuerte Gurken

Mittelgroße, gleichmäßige, einwandfreie Gurken verwenden. Die Gurkenenden abschneiden und prüfen, ob sie nicht bitter sind. Die bitteren Gurken aussondern und nicht einlegen. Die Gurken in der Mitte einschneiden und mehrmals waschen.
Die Gurken in einem Emailletopf mit Salzwasser aufsetzen, aufkochen und lauwarm werden lassen. Das trockene Brot in Scheiben schneiden und 1 bis 2 Scheiben auf den Boden eines jeden Glases legen, darauf den gewaschenen Dill. Die Gurken nebeneinander – aber nicht zu dicht – in das Glas stellen. Obendrauf wiederum eine trockene Brotscheibe und Dill legen und so viel Salzwasser darübergießen, daß die Gurken gut bedeckt sind. Je nach Geschmack kann man eine kleine, gereinigte Knoblauchzehe hineinlegen. Nicht bis ganz an den Glasrand füllen. So zudecken, daß Luft herankommen kann, die Gurken aber nicht staubig werden. An lauwarmem Platz bei gleichmäßiger Temperatur 5 bis 7 Tage gären lassen, am besten an einem leicht sonnigen Ort. Wenn sie gut sind, werden die grünen Gurken gelblichgrün und innen etwas glasig und weich. Nun werden die Brotscheiben entfernt, die gegorenen Gurken herausgenom-

men, gewaschen und in ein anderes Gefäß gelegt. Die Flüssigkeit durch ein So-
ßensieb darübergießen, in den Kühlschrank stellen und ungefähr eine Woche
dort lassen. Eventuell zwischen Eisstücke stellen und erst vor dem Servieren
herausnehmen.

*Saure Gurken werden zu den verschiedensten Speisen gereicht: zu Schweine-,
Gänse- und Entenbraten, zu Pörkölt- und Paprikagerichten. Sie sollten immer
tiefgekühlt sein. Man schält sie ab, begießt sie mit ein wenig Gurkensaft und serviert sie dann.*

Paprikasalat mit Tomaten

Paprikasaláta
paradicsommal
*6 Paprikaschoten, 6 Tomatenpaprika,
300 g frische Tomaten, Öl, Weinessig,
1 Knoblauchzehe, 1 Zwiebel, Petersilie, Salz, Pfeffer*

Den Paprika in der Röhre oder auf dem Herd hin und her wenden, damit die
dünne Schale leicht abgezogen werden kann.
Die Paprikaschoten entkernen, Scheidewände herausnehmen und wie zum Letscho in dünne Streifen schneiden. Die festen Tomaten ebenso zerteilen. In eine
tiefe Schüssel 2 bis 3 Eßlöffel Speiseöl, 1 Eßlöffel Weinessig (oder den Saft einer
halben Zitrone), eine kleingehackte Knoblauchzehe, einen Teelöffel geriebene
Zwiebel, 1 kleines Bund gehackte Petersilie geben. Salzen und pfeffern und alles
gut verquirlen. Dann Paprika und Tomaten hineingeben und vorsichtig umrühren.
Den Salat auf Glastellern hübsch anrichten. Am besten tiefgekühlt servieren.

Kopfsalat mit Schnittlauch und saurer Sahne

Tejfeles, snittlinges
fejes saláta
*4 Salatköpfe, 0,125 l saure Sahne,
2 harte Eier, 1 Bund Schnittlauch,
Salz, Pfeffer, Senf, Zitronensaft,
Vitaminpaprika*

Die saure Sahne in eine Schüssel geben und leicht salzen, einen Kaffeelöffel Vitaminpaprika, etwas Pfeffer und Senf dazugeben und gut verquirlen. Den gewiegten Schnittlauch, die in Scheiben geschnittenen Eier und den in Blätter zerpflückten Kopfsalat hineinlegen. Das Ganze gut vermischen und eine halbe
Stunde in den Kühlschrank stellen.
Kurz vor dem Auftragen den Zitronensaft darüberträufeln.

*Auf die gleiche Art kann der Salat auch mit jungen, in Scheiben geschnittenen
Radieschen und jungen Zwiebeln – dann aber ohne Schnittlauch – zubereitet werden. Anstelle der sauren Sahne kann man auch Joghurt verwenden.*

Paprika-paradicsom-saláta

250 g Paprikaschoten, 250 g frische Tomaten, Salz, Pfeffer, 150 g gekochte Kartoffeln, 50 g Zwiebeln, 0,05 l Öl, Essig, Petersilie

Paprika-Tomaten-Salat

Die Kartoffeln in Scheiben, die Zwiebeln, Paprikaschoten und Tomaten in Ringe schneiden.

In eine tiefe Schüssel Öl, etwas Essig und ein wenig kaltes Wasser gießen. Salzen, pfeffern, mit der feingehackten Petersilie bestreuen und gut verquirlen. In diese Essigsoße legt man auch die übrigen zerkleinerten Zutaten und stellt alles bis zum Servieren in den Kühlschrank.

Wenn man in diesen Salat 200 bis 250 g Jagdwurst schneidet, ergibt er ein ausgezeichnetes Abendbrot für den Sommer.

Károlyi-saláta

200 g Kartoffeln, 100 g saure Gurken, 100 g Paprikaschoten, 200 g frische Tomaten, 1 Kopfsalat, 2 harte Eier, Salz, Tatarensoße

Salat à la Károlyi

Pellkartoffeln kochen, abpellen und nach dem Auskühlen in dünne Scheiben schneiden. Die Paprikaschoten säubern, die sauren Gurken abschälen und zusammen mit den hartgekochten Eiern und den frischen Tomaten in dünne Scheiben schneiden. Den Kopfsalat reinigen, einige schöne Blätter zur späteren Garnierung beiseite legen, die übrigen in gleichmäßig fingerdicke Streifen schneiden. Danach sämtliche Zutaten in eine entsprechend große Porzellan- oder Emailleschüssel geben. Das Ganze salzen und mit so viel Tatarensoße vermischen, daß ein dickflüssiger, leicht anzurichtender Salat entsteht. Vorsichtig von unten nach oben mischen, damit die einzelnen Zutaten nicht zerfallen. Gut gekühlt servieren.

Fűszeres karfiolsaláta

800 g Blumenkohl, Öl, Essig, Salz, Pfeffer, 20 g Zwiebeln, 50 g Essiggurken, Estragon, Kapern, Petersilie, Schnittlauch

Blumenkohlsalat

Den Blumenkohl säubern, in kleine Röschen zerteilen, waschen, kochen und nach dem Abgießen auskühlen lassen. In der Zwischenzeit 2 Eßlöffel Öl, 1 Eßlöffel Essig und 1 bis 2 Eßlöffel vom abgekühlten Blumenkohlwasser in eine tiefe Porzellan- oder Emailleschüssel gießen und mit dem Schneebesen ganz glattrühren.

Danach ein kleines Bund Schnittlauch und etwas grüne Petersilie, die Essiggurken, einige Stengel Estragon und 4 bis 5 Kapern auf einem Holzbrettchen kleinhacken.

Die Zutaten an den Salatessig geben, salzen, pfeffern und gut verrühren. Erst jetzt die gekochten und abgekühlten Blumenkohlröschen beifügen. Vorsichtig umrühren und abschmecken. Den Salat in eine Glas- oder Porzellanschüssel geben.

Vor dem Servieren eine halbe Stunde in den Kühlschrank stellen.

Uborkasaláta

1 kg Salatgurken, Salz, Essig, Öl, Rosenpaprika, Pfeffer

Gurkensalat

Die Gurken schälen und hobeln. Salzen, umrühren und ungefähr 1 Stunde lang stehen lassen. In der Zwischenzeit wird mit wenig Essig und Wasser eine Salatsoße bereitet. Aus den Gurken das Salzwasser gut ausdrücken. Die Gurken in den Salatessig legen. Falls notwendig, nachsalzen, pfeffern und mit etwas Öl beträufeln. Den Salat gut vermischen und für 2 bis 3 Stunden in den Kühlschrank stellen. Vor dem Servieren in eine Glas- oder Porzellanschüssel geben, mit etwas Pfeffer und Rosenpaprika bestreuen.

Dies ist die gebräuchlichste Zubereitungsart. In Transdanubien wird der Salat noch mit einer zerstampften Knoblauchzehe gewürzt. In einigen Gegenden der ungarischen Tiefebene beträufelt man den Salat vor dem Auftragen mit saurer Sahne. Ausgezeichnet schmeckt er mit Schnittlauch oder mit gehackter Petersilie. Gurkensalat paßt am besten zu fetten Fleischspeisen wie knusprigem Gänsebraten, gebratenem Schweineschnitzel usw.

Különleges kevert uborkasaláta

600 g Salatgurken, 200 g Tomaten, 1 Kopfsalat, 2 gekochte Kartoffeln, Schnittlauch, Petersilie, 1 Knoblauchzehe, Pfeffer, Essig, Öl, Salz, Senf

Gemischte Gurkensalat-Spezialität

Die abgeschälten und gut gewaschenen Gurken fein hobeln, salzen und 2 Stunden in den Kühlschrank stellen. In der Zwischenzeit die mittelgroßen, ausgekühlten Kartoffeln und die fleischigen Tomaten in dünne Scheiben schneiden. Auf einem Schneidebrett ein kleines Bund Schnittlauch und eine zerstampfte Knoblauchzehe fein hacken. In eine tiefe Schüssel 1 Eßlöffel Essig, 2 Eßlöffel Speiseöl und 1 Teelöffel Senf geben. Salzen, pfeffern, die gehackte Petersilie beifügen, gut verquirlen. Die ausgepreßten Gurken, die Tomaten- und Kartoffelscheiben hineingeben.
Vorsichtig vermischen, damit die einzelnen Zutaten nicht zerfallen. Für eine halbe Stunde in den Kühlschrank stellen. Kurz vor dem Servieren einen großen, gut gewaschenen Kopfsalat in Blätter zerlegen und hineingeben. Nach Geschmack kann der Salat auch mit 0,1 l tiefgekühlter saurer Sahne beträufelt werden.

Uborkasaláta zöldpaprikával és újhagymával

600 g Salatgurken, 4 Paprikaschoten, Salz, Öl, Essig, 1 Knoblauchzehe, Pfeffer, 1 Bund junge Zwiebeln

Gurkensalat mit Paprikaschoten und jungen Zwiebeln

Die Gurken gut waschen, schälen und fein hobeln, salzen, umrühren und 2 Stunden in den Kühlschrank stellen.
Die Paprikaschoten reinigen; in einer Pfanne so lange in die Backröhre stellen, bis die Haut leicht abziehbar ist. Herausnehmen und in kaltes Wasser legen.

Die Schale abziehen, die Kerne und Scheidewände entfernen und über einem Sieb abtropfen und kalt werden lassen.

In eine Porzellan- oder Emailleschüssel 2 Eßlöffel Öl, 1 Eßlöffel Essig, eine feingehackte Knoblauchzehe, Salz, Pfeffer geben. Das Ganze glattrühren. Zuerst wird aus den Gurken das Salzwasser herausgedrückt, dann die Gurken in die Schüssel legen, darauf die in dünne Streifen geschnittenen Paprika, zum Schluß ein Bund gut gewaschene, in dünne Scheiben geschnittene junge Zwiebeln, von denen nur am Ende der dunkelgrüne Teil abgeschnitten wird.

Das Ganze vorsichtig mit dem Salatbesteck umrühren, abschmecken, in eine Salatschüssel geben und vor dem Servieren für eine halbe Stunde in den Kühlschrank stellen.

Nach Geschmack können auch 2 bis 3 in Scheiben geschnittene, frische Tomaten untergemischt oder das Ganze mit 1 Teelöffel Senf gewürzt werden.

Gurkensalat mit Tomaten und Paprika

Die Gurken abschälen, gut waschen und fein hobeln. Salzen und 2 bis 3 Stunden lang im Kühlschrank stehen lassen.

Inzwischen in eine tiefe Porzellan- oder Emailleschüssel 2 Eßlöffel Wasser und ebensoviel Essig geben. Nur schwach salzen, da die Gurken schon gesalzen sind. Pfeffer und eine feingehackte Knoblauchzehe dazugeben und gut vermengen. Danach die Paprikaschoten reinigen, waschen und in dünne Ringe schneiden; in reichlich siedendes Wasser legen, schwach salzen. Vom Herd nehmen, eine Minute zugedeckt im Wasser lassen, danach über einem Sieb abgießen, gut abtropfen und vollständig auskühlen lassen.

Jetzt 200 g kleinere, feste Tomaten in Scheiben schneiden. Das Salzwasser aus den Gurken drücken, die Gurken in den Salatessig legen. Paprika und die Tomaten dazugeben, mit dem feingehackten Schnittlauch bestreuen und vorsichtig umrühren, damit die Zutaten nicht zerfallen. Falls notwendig, nachwürzen, und eine halbe Stunde vor dem Servieren in den Kühlschrank stellen.

Je nach Geschmack mit etwas Öl beträufeln.

Uborkasaláta paradicsommal és paprikával

800 g Salatgurken, 2 Paprikaschoten, 200 g frische Tomaten, Salz, Essig, 1 Knoblauchzehe, Schnittlauch, Pfeffer

Gebratener Paprika in Essig und Öl

Einwandfreie, fleischige Paprikaschoten nehmen, gut waschen und in einer Pfanne in die Backröhre stellen. Ohne Beigabe von Wasser oder Fett so braten, daß die dünne Haut abgezogen werden kann und die Paprikaschoten weich werden.

In einer mäßig warmen Röhre dauert die Bratzeit 7 bis 8 Minuten.

Sült paprika ecetben, olajban

12 Paprikaschoten, Essig, Salz, Pfeffer, Schnittlauch, Petersilie, Öl

Wenn die Paprikaschoten etwas Farbe bekommen haben und weich geworden sind, in reichlich kaltes Wasser legen. Die Haut abziehen und die Schoten über einem Sieb abtropfen lassen.
Inzwischen 2 Eßlöffel Öl und 2 Eßlöffel Essig in eine Salatschüssel geben. Salzen, schwach pfeffern und glattrühren. Die Paprikaschoten einzeln darin wenden und geschmackvoll anrichten. Das Ganze vor dem Servieren für eine halbe Stunde in den Kühlschrank stellen. Je nach Geschmack mit etwas gehacktem Schnittlauch oder Petersilie bestreuen und so servieren.

Diesen Salat kann man auch so zubereiten: Die gebratenen, entkernten und in Ringe geschnittenen Paprikaschoten mit 200 g in kleine Stücke geschnittenen Tomaten vermischen und dann servieren.

Paprikasaláta

700 g Paprikaschoten, Essig, Salz, Zucker

Paprikasalat

Die von Kernen und Scheidewänden befreiten Paprikaschoten gut waschen, in dünne Ringe schneiden und – falls sie scharf sind – mit reichlich heißem Wasser überbrühen. In der Zwischenzeit 0,1 l Essig mit Wasser verdünnen, salzen, nach Geschmack auch eine Messerspitze Zucker beigeben und die abgekühlten Paprikaringe untermischen. Für einige Stunden in den Kühlschrank stellen, damit der Paprika gut durchzieht. Danach in einer Glas- oder Porzellanschüssel servieren.

Wer Paprika etwas scharf liebt, vermischt ihn mit etwas Salz, läßt ihn 10 bis 15 Minuten stehen und drückt dann das Salzwasser aus. Auf diese Art sind die Ringe angenehm scharf.
Paprikasalat wird zu fetten Fleischspeisen serviert, z. B. zu Schweinebraten oder Schweinepörkölt.
Der Paprikasalat bildet das Gegengewicht zu den fettreichen Speisen, paßt besonders zu allen gemischten Salaten oder zu kalten Garnierungen wie der „Siebenbürger Holzplatte" oder zur Garnierung des Räuberbratens.

Tejfeles, citromos gombamártás

70 g Fett, 50 g Mehl, 250 g Pilze, 0,2 l saure Sahne, 0,5 l Milch, Petersilie, 1 Zwiebel, Zitrone, Pfeffer, Salz

Pilzsoße mit saurer Sahne und Zitrone

Aus 40 g Fett und dem Mehl eine helle Schwitze bereiten, mit heißer Milch aufgießen und glattrühren. Schwach salzen und einige Minuten aufkochen lassen, bis die notwendige Dicke erreicht ist. Dann die saure Sahne hineingeben, gut umrühren und bei milder Hitze weiterkochen lassen. In der Zwischenzeit die Pilze reinigen, gut abgewaschen und zerkleinert in einer Pfanne in 30 g Fett zusammen mit einigen kleingeschnittenen Zwiebeln bei starker Hitze dünsten.

Mit Salz, Pfeffer und gehackter Petersilie abschmecken. Die Pilze in die kochende Soße geben, umrühren, mit einer Prise geriebener Zitronenschale abschmekken und kurz aufkochen. Vor dem Servieren den Saft einer halben Zitrone beigeben.
Sofort heiß auftragen.

Pilzsoße serviert man zu Fisch-, Fleisch- und Eierspeisen.

Meerrettichsoße mit saurer Sahne

Den gesäuberten und gut gewaschenen Meerrettich fein reiben und abbrühen. Eine helle Schwitze bereiten, mit Fleischbrühe aufgießen und glattrühren. Salzen, den abgegossenen Meerrettich dazugeben und 10 bis 15 Minuten kochen. Die saure Sahne zugießen, je nach Geschmack mit etwas Zucker und Essig würzen. Mit einem Schneebesen glattrühren, 2 bis 3 Minuten aufkochen.
Sofort heiß servieren.

Meerrettichsoße wird meist zu gekochtem Rindfleisch serviert. Man ißt sie auch gern zu Hühnersuppe à la Újházi oder zu Kochfisch.
Wer den Meerrettich etwas schärfer liebt, brüht ihn nicht ab, sondern stellt ihn für einige Minuten in die geöffnete warme Backröhre. Auf diese Weise wird die Schärfe etwas gemildert, ohne daß sie vollständig verlorengeht.
Je nach Geschmack kann man statt mit Essig auch mit Zitronensaft würzen.

Tejfeles tormamártás

150 g Meerrettich, 50 g Mehl, 40 g Fett, 0,2 l saure Sahne, 0,2 l Fleischbrühe, Salz, Zitrone, Essig

Dillsoße

Der gewaschene Dill und 20 bis 30 g Zwiebeln werden kleingeschnitten. Eine helle Schwitze bereiten, die Zwiebeln hineintun, umrühren. Die Hälfte des Dills dazugeben und einige Minuten lang zusammen dünsten. Mit Fleischbrühe auffüllen, glattrühren und 10 bis 15 Minuten kochen lassen. Mit Salz, einer Prise Zucker und nach Geschmack mit Essig abschmecken. Danach durch ein feines Sieb schütten. Die saure Sahne und den restlichen Dill hineingeben, falls notwendig nachwürzen. Mit dem Schneebesen nochmals glattrühren und 4 bis 5 Minuten kochen lassen. Heiß servieren.

Dillsoße wird zu gekochtem Rindfleisch, aber auch zu Fleischklößen oder gefülltem Kürbis gereicht.
Nach Geschmack kann anstelle der sauren auch süße Sahne verwendet werden, dann aber nur 0,1 l. Statt Essig nimmt man auch Zitronensaft und statt Fleischbrühe auch gut ausgekochte Knochenbrühe.

Kapormártás

40 g Fett, 50 g Mehl, 0,2 l saure Sahne, 0,2 l Fleischbrühe, Salz, Zucker, Essig, 1 Zwiebel, 1 Bund Dill

Kleine Gerichte

In Ungarn bereitet man kleine Gerichte aus Fleisch, Fisch, Wild oder aus Innereien (Leber, Hirn usw.), aus Eierspeisen, Gemüsen sowie aus Teigwaren, Pilzen
und einigen Käsesorten.
Natürlich spielen sie als Vorspeisen beim Festessen oder bei besonderen Anlässen eine größere Rolle. Im Alltag werden einige Vorspeisen in kleineren und
größeren Portionen gern als leichtverdauliche Hauptmahlzeiten oder als som-
merliches Abendessen serviert. Aus diesem Grunde sind einige Pasteten und gemischte Salate, die eigentlich unter die Vorspeisen fallen, im Kapitel über das
Abendessen zu finden.

Spargel in Sahne und Ei gebacken

Den Spargel kochen, in einem Sieb gut abtropfen lassen. In eine gebutterte,
feuerfeste Schüssel oder in eine Emaillepfanne legen. In der Butter Semmelmehl
goldgelb rösten, über den Spargel verteilen.
Die Sahne auf einen Teller geben, die Eier darüber aufschlagen, salzen, mit dem
Schneebesen glattrühren und derart über den Spargel gießen, daß dieser überall
bedeckt ist.
In einer nicht zu heißen Backröhre schön braun rösten. Die Backzeit dauert ca.
8 bis 10 Minuten.
Der Spargel muß sehr schnell heiß serviert werden, damit er nicht zusammenfällt.

Spárga tejszínnel és tojással sütve

*1250 g Brechspargel, 0,125 l Sahne,
2 Eier, 60 g Butter, 50 g Semmelmehl, Salz*

Rákpörkölt

50 Krebse, 150 g Butter, 0,2 l Kraftbrühe, Salz, Mehl, Kümmel, Petersilie, 10 g Edelsüß-Paprika

Krebspörkölt

Süßwasserkrebse in schwachem Salzwasser, dem etwas Kümmel und ein Bund Petersilie beigefügt wird, auf die übliche Art kochen. Abgießen. Das Fleisch aus den Scheren und dem Schwanz lösen, in der Kraftbrühe warm halten. Zubereitung der Krebsbutter: Die Schale zerstampfen. In einem Topf 100 g Butter zergehen lassen und darin bei milder Hitze die zerriebene Krebsschale rösten, mit Paprika bestreuen, 1 l Wasser aufgießen und 10 bis 15 Minuten lang kochen. Durch ein feines Sieb schütten. Wenn es abgekühlt ist, die Butter von der Oberfläche schöpfen. Jetzt die restliche Butter in einem Topf auslassen, das gekochte Krebsfleisch hineinlegen, leicht erhitzen. Mit Paprika und einem Mokkalöffel Mehl bestäuben, 1 bis 2 Minuten dünsten und mit so viel Kraftbrühe aufgießen, daß genug Pörköltsaft vorhanden ist. Zum Schluß die vorher abgeschäumte Krebsbutter untermischen, gut aufkochen und, falls notwendig, nachsalzen. Sofort heiß auftragen.

Man reicht in einer separaten Schüssel gedünsteten Reis dazu, den man mit Petersilie garnieren kann.

Dazu passendes Getränk: Tokajer Samorodner (Tokaji szamorodni).

Töltött karalábé háziasan

250 g Schweinefleisch (halbfett), 4 junge Kohlrabi, 100 g Pilze, 40 g Reis, 50 g Räucherspeck, 100 g gekochter Speck, 2 Eier, 0,1 l saure Sahne, 50 g Fett, 60 g Räucherkäse, 10 g Tomatenmark, Mehl, Salz, Pfeffer, Thymian, 1 Zwiebel, Petersilie, 1 Knoblauchzehe

Gefüllter Kohlrabi auf Hausmacherart

Gefüllte Kohlrabi können nur aus zartem jungem Kohlrabi bereitet werden, an dem noch die größeren Blätter sind. Die Kohlrabi schälen und einen Deckel abschneiden. Auch von unten etwas abschneiden, damit sie nicht zur Seite fallen. Die Kohlrabi aushöhlen und in schwachem Salzwasser fast weich kochen. Das Ausgeschnittene kleinreiben und in wenig Fett, mit Salz, Pfeffer und gehackter Petersilie bestreut, weich dünsten. Die gewaschenen Pilze in Stücke schneiden, in einer Pfanne zusammen mit einer kleingeschnittenen Zwiebel im Fett dünsten. Salz, Pfeffer und gehackte Petersilie dazugeben. Mit einem Teelöffel Mehl bestäuben, ein Ei daraufschlagen und schnell glattrühren. Den gedünsteten Kohlrabi dazugeben und so lange unter Rühren bei milder Hitze kochen lassen, bis es eindickt. Mit dieser breiartigen Masse die Kohlrabi füllen und nebeneinander in einen gefetteten Topf setzen.
Auf jeden Kohlrabi legt man eine dünne Scheibe gekochten Speck. Man läßt sie so lange bei mittlerer Hitze in der Röhre braten, bis sie vollkommen weich und die Speckscheiben etwas gebräunt sind. In der Zwischenzeit wird der Reis halbgar gekocht und das Schweinefleisch durchgedreht.
8 schöne Kohlrabiblätter auswählen, die Stengel abschneiden, waschen, abbrühen, mit kaltem Wasser abspülen und auf ein Brett legen. Den Räucherspeck in kleine Würfel schneiden, glasig ausbraten, etwas Zwiebel und kleingeschnittenen

Knoblauch darin rösten, mit gehackter Petersilie bestreuen und das durchgedrehte Fleisch dazugeben.

Den Reis zugeben, salzen, mit Pfeffer, etwas Thymian und einem Mokkalöffel Tomatenmark würzen. Das Ei hineinschlagen und das Ganze gut durchkneten.

Mit dieser Masse werden die Kohlrabiblätter gefüllt, indem man kleinere Röllchen daraus macht, sie in einen kleinen Topf legt, mit der Hälfte des Kohlrabiwassers begießt und zugedeckt 20 bis 25 Minuten lang kochen läßt.

So zubereiten, daß die gefüllten Kohlrabi und die gefüllten Kohlrabiblätter zur gleichen Zeit weich werden.

Eine helle Mehlschwitze bereiten, das restliche Kohlrabiwasser dazugeben (falls es zu wenig sein sollte, etwas Milch nehmen) und unter Umrühren 5 Minuten lang kochen lassen. Salzen, schwach pfeffern, den geriebenen Räucherkäse sowie die saure Sahne untermischen und den Saft der Kohlrabiblätter dazugeben. Nach nochmaligem Aufkochen durch ein feines Sieb treiben und mit dem Schneebesen glattrühren. Die Soße soll sahnig-dick sein.

Heiß auftragen. In die Mitte der Platte legt man die gefüllten Kohlrabi, daneben die gefüllten Kohlrabiblätter und begießt das Ganze mit der heißen Käsesoße. Die verbleibende Soße wird separat in einer Soßenschüssel gereicht.

Gefüllte Kohlrabi bereitet man am besten im Frühjahr. In kleineren Portionen werden sie als Vorspeise, in größeren als Hauptspeise serviert. Die Kohlrabis können auch mit der Fleischmasse gefüllt werden.
Dazu passendes Getränk: Mórer Tausendgut (Móri ezerjó).

Makkaroni oder Spaghetti auf ungarische Art

Die Makkaroni oder Spaghetti in reichlich Wasser kochen, abgießen, mit kaltem Wasser abschrecken und abtropfen lassen.

In der Zwischenzeit den Räucherspeck in kleine Würfel schneiden, halb braten, das Fett beifügen und die kleingeschnittenen Zwiebeln darin dünsten. Mit Paprika bestreuen, umrühren, sofort etwas Wasser dazugeben und das durchgedrehte Kalbfleisch hineinlegen. Salzen und unter mehrmaligem Rühren halbgar dünsten. Während des Dünstens gibt man die gewaschenen und in kleine Stücke geschnittenen Paprikaschoten und Tomaten hinzu. (Im Winter nimmt man anstelle frischer Zutaten Konservenletscho.)

Sobald das Fleisch weich ist, werden die schon gekochten Makkaroni oder Spaghetti untergemischt und mit der Hälfte des geriebenen Käses bestreut. Das Ganze gut verrühren und in eine gebutterte, feuerfeste Schüssel geben, den restlichen geriebenen Käse darüberstreuen und für einige Minuten in die Backröhre stellen.

Sofort heiß servieren.

Makaróni vagy spagetti magyarosan

400 g Makkaroni oder Spaghetti,
300 g durchgedrehtes Kalbfleisch,
50 g Räucherspeck, 40 g Fett,
100 g Paprikaschoten, 20 g Salz,
100 g geriebener Käse, 50 g Tomaten,
50 g Zwiebeln, 10 g Edelsüß-Paprika

Sajtos, paprikás pirított kenyér

10 Scheiben Weißbrot, 0,1 l helles Bier, 70 g Butter, 200 g geriebener Käse, 10 g Edelsüß-Paprika, 10 g Pfeffer, 20 g Mehl, 20 g Salz, 20 g Semmelmehl, 1 Paprikaschote

Toast mit Käse und Paprika

Die 10 Brotscheiben auf einem gebutterten Kuchenblech in die heiße Backröhre stellen und auf beiden Seiten rösten. In der Zwischenzeit aus 30 g Butter und Mehl eine helle Schwitze bereiten, diese mit Bier aufgießen und mit dem Schneebesen glattrühren. Salzen, Paprika, Pfeffer und 150 g geriebenen Käse hinzugeben. Abermals glattrühren. Damit der Brei nicht zu zähflüssig wird, etwas Bier dazugießen. Mit dieser Masse die gerösteten Brotscheiben bestreichen, obendrauf etwas geriebenen Käse und Semmelmehl streuen und ganz zum Schluß etwas ausgelassene Butter darübergießen. In der heißen Backröhre die Oberseite bräunen, mit Paprika bestreuen und mit 1 bis 2 Paprikaringen garnieren.
Sofort heiß servieren.

Pirított kenyér paprikás gombával

10 Scheiben Weißbrot, 400 g Champignons, 30 g Butter, 40 g Fett, 10 g Edelsüß-Paprika, 10 g Salz, Pfeffer, 1 Bund Petersilie, 1 Paprikaschote

Toast mit Paprika-Pilzen

Die Brotscheiben auf einem gebutterten Kuchenblech auf beiden Seiten rösten. In der Zwischenzeit die gesäuberten, gut gewaschenen Pilze in dünne Scheiben schneiden. In einer Pfanne mit Butter die Pilze bei starker Hitze unter ständigem Rühren rösten. Wenn sie braun werden, salzen, mit Pfeffer und Paprika bestreuen, feingehackte Petersilie hineinmischen und sofort vom Herd nehmen. Die Pilze auf die gerösteten Brotscheiben legen. Im Sommer mit 1 bis 2 dünnen Paprikaringen garnieren.
Sofort heiß servieren.

Majonézes spárga tárkonyosan

1000 g Brechspargel, 100 g Mayonnaise, 0,1 l Sahne, Salz, Petersilie, Saft einer halben Zitrone, Salatblätter, Estragon

Spargel mit Mayonnaise und Estragon

Den geschälten, gewaschenen Spargel kochen, über einem Sieb abkühlen und abtropfen lassen. In 2 bis 3 cm lange Stücke schneiden. Die Mayonnaise in eine tiefe Schüssel gießen, salzen (nach Geschmack auch mit Pfeffer würzen), den Zitronensaft, die gehackte Petersilie und einen Mokkalöffel feingeschnittene Estragonblätter hinzufügen. Mit dem Schneebesen glattrühren. Zuerst die Sahne, dann die Spargelstückchen hineingeben und vorsichtig vermischen. Eine Glas- oder Porzellanschüssel mit Salatblättern auslegen, den Mayonnaisen-Spargel daraufhäufen und 1 bis 2 Stunden in den Kühlschrank stellen.
Mit gerösteten Semmeln oder Weißbrotscheiben servieren.

Je nach Geschmack kann statt der Sahne auch frische, aber nicht zu saure Sahne verwendet werden. Konservenspargel eignet sich durchaus für diesen Salat.

Fejes saláta hússal keverve

4 Kopf Salat, 250 g gekochtes Rindfleisch, 100 g Mayonnaise, 2 hartgekochte Eier, Salz, Pfeffer, Senf, Tomatenmark, 1 Knoblauchzehe, 1 Bund Petersilie, Saft einer Zitrone

Kopfsalat und Fleisch gemischt

Diesen gemischten Salat kann man aus gebratenem oder gekochtem Rindfleisch oder sonstigen gebratenen Fleischresten herstellen. Dazu wird das Fleisch vorher kalt gestellt und dann in dünne Streifen geschnitten.

Die Mayonnaise gibt man in eine tiefe Schüssel, fügt einen Teelöffel Senf, den Saft einer Zitrone und 1 Teelöffel Tomatenmark dazu, ferner die zerkleinerte Knoblauchzehe und die gehackte Petersilie. Das Ganze salzen, pfeffern und zuerst das kleingeschnittene Fleisch, dann die in dünne Scheiben geschnittenen Eier und den in kleine Blättchen zerpflückten Salat dazugeben und gut vermischen. Nach Geschmack nachwürzen, einige Minuten in den Kühlschrank stellen.

Kühl servieren.

Im Sommer verwendet man in Ungarn statt der harten Eier auch 150 bis 200 g Tomaten für den Salat.

Dieser mit Fleisch gemischte Salat kann ein Gang eines leichten Frühjahrs- oder Sommerabendessens sein; reicht man hinterher Obst oder Käse, ergibt das eine vollständige Mahlzeit.

Debreceni omlett

150 g Debreziner Würstchen, 60 g Räucherspeck, 50 g Fett, 8 Eier, 150 g Paprikaschoten, 100 g Tomaten, 0,15 l Sahne, Salz, 1 Zwiebel, Edelsüß-Paprika

Debreziner Omelett

Die Debreziner Würstchen kochen, auskühlen lassen und in Scheiben schneiden.

Die Eier aufschlagen, die Sahne hinzugeben, salzen und gut verquirlen. Den in kleine Würfel geschnittenen Räucherspeck in einer Pfanne braten, etwas kleingehackte Zwiebel darin rösten und die Wurstscheiben sowie die zerkleinerten Paprikaschoten dazugeben. Alles zusammen einige Minuten dünsten lassen. Danach werden auch die geschnittenen Tomaten hineingelegt und 2 bis 3 Minuten gedünstet. Mit Salz und Paprika würzen. In einer Pfanne das Fett erhitzen, darin die Omeletts auf der einen Seite braten, in die Mitte die Wurstfüllung legen, die Omeletts zusammenrollen und fertigbraten.

Sofort heiß servieren.

Am schmackhaftesten ist diese ausgezeichnete ungarische Eierspeise mit geräucherten Debreziner Würstchen. Sie kann aber notfalls auch mit anderer Räucherwurst, ja sogar mit frischgebratener, hausgeschlachteter Wurst zubereitet werden. Dazu passendes Getränk: Balatonfüreder Riesling (Balatonfüredi rizling).

Blumenkohl mit Schinken und Pilzen

Den zerlegten Blumenkohl fast weich kochen, auf einem Sieb abtropfen lassen. Die Butter in einer Pfanne auslassen. Die in dünne Scheiben geschnittenen Pilze mit Salz, Pfeffer und Paprika bestreuen, zusammen mit wenig gehackter Petersilie 1 bis 2 Minuten bei starker Hitze rösten. Den in schmale Streifen geschnittenen Schinken einige Sekunden mitrösten lassen. Zum Schluß den Blumenkohl zugeben und vorsichtig vermischen, damit er nicht zerfällt. Das Ganze für 4 bis 5 Minuten bei mittlerer Hitze in die Backröhre stellen.
Wer es gern hat, beträufelt den Blumenkohl, bevor er in die Röhre gestellt wird, mit saurer Sahne.
Sofort heiß auftragen. Die Oberfläche mit Schnittlauch oder geriebenem Käse bestreuen und mit Tomatenscheiben garnieren.

Karfiol sonkával és gombával

1000 g Blumenkohl, 100 g gekochter Schinken (oder Räucherfleisch), 150 g Pilze, 60 g Butter, Salz, Pfeffer, Petersilie, Schnittlauch, 5 g Edelsüß-Paprika

Gebackene Pilzköpfe

600 g einwandfreie Pilzköpfe werden gesäubert und gut gewaschen. (Die Pilzstiele kann man gut zur Zubereitung von Suppen oder Soßen verwenden.) Die Pilze mit den Köpfen nach unten in eine leicht eingefettete Pfanne legen, einzeln salzen und mit Pfeffer und Paprika bestreuen. Ein kleines Bund Petersilie, Schnittlauch und zarten Dill zusammen kleinschneiden und gleichmäßig verteilt zwischen die Pilzköpfe mengen. Zum Schluß auf jeden Pilz ein Stückchen Butter legen und in der heißen Röhre 8 bis 10 Minuten braten.
Man serviert die Pilze mit gedünstetem Reis.

Gombafejek sütve fűszeresen

600 g Pilze, 50 g Fett, 50 g Butter, 10 g Edelsüß-Paprika, Salz, Schnittlauch, Pfeffer, Petersilie, Dill

Reis mit Hühnerleber

Den Reis dünsten. Die Hühnerleber und die Pilze in Stückchen schneiden. In einer Pfanne Fett erhitzen, eine kleingeschnittene Zwiebel glasig dünsten. Die Hühnerleber, die Pilze und die zerteilten Paprikaschoten hineinlegen, bei starker Hitze unter ständigem Rühren 3 bis 4 Minuten rösten. Mit Salz, Paprika, Pfeffer, Majoran und gehackter Petersilie würzen, und je nach Geschmack auch 1 Löffel Tomatenmark hineinrühren. Den gekochten Reis und die Hälfte des geriebenen Käses dazugeben, gut umrühren und nochmals für 2 bis 3 Minuten in die Röhre stellen. Mit dem restlichen geriebenen Käse bestreuen.
Sofort heiß auftragen.

Anstelle von Hühnerleber kann man auch Enten- oder Gänseleber verwenden. Als Pilze eignen sich: Champignons, Steinpilze, Pfifferlinge oder Speisemorcheln.

Csirkemájas rizs

400 g Hühnerleber, 200 g Reis, 120 g Pilze, 120 g Fett, 150 g Paprikaschoten, 50 g geriebener Käse, Salz, Pfeffer, Majoran, Zwiebel, Petersilie, 5 g Edelsüß-Paprika, Tomatenmark

Töltött tojás parajjal, hidegen

300 g Spinat, 3 Eier, 40 g Butter, Salz, Pfeffer

Gefüllte Eier mit Spinat (kalt)

Den Spinat mehrmals waschen, kochen und danach abgießen, das Wasser gut aus dem Spinat drücken, den Spinat durch ein Sieb passieren und auskühlen lassen. Die harten Eier abschälen, auskühlen lassen und der Länge nach zerteilen. Das Eigelb durch ein feines Sieb drücken, die Butter beimengen und glattrühren. Zu dem Eigelb 2 Eßlöffel Spinatbrei geben, salzen, pfeffern, gut vermischen und damit die halben Eier füllen.
Nach Geschmack belegt man einen Glasteller mit Salatblättern oder französischem Salat (s. S. 152), legt darauf die mit Spinat gefüllten Eier und begießt sie mit kalter grüner Soße. Sie werden kalt serviert.

Die grüne Soße wird folgendermaßen zubereitet:
Zu 100 g Mayonnaise gibt man 50 g gekochten, passierten, kalten Spinat und verquirlt alles. Je ein kleines Bund Petersilie, Estragon und Schnittlauch gut waschen, zusammen kleinschneiden, in ein sauberes Leinentuch geben, ausdrücken und nur den Saft davon in die Soße gießen. 0,1 l Sahne zu Schnee schlagen, der Soße beimengen und mit dem Schneebesen glattrühren. Mit Salz, einer Messerspitze Pfeffer und etwas Zitronensaft würzen und mit den kalten Eiern servieren.

Töltött tojás parajjal, melegen

500 g Spinat, 8 harte Eier, 2 rohe Eier, 0,2 l saure Sahne, 40 g Butter, 40 g geriebener Käse, Salz, Pfeffer

Gefüllte Eier mit Spinat (warm)

Den Spinat kochen, abgießen, ausdrücken und durch ein Sieb schlagen. Die abgeschälten, hartgekochten Eier der Länge nach aufschneiden, das Eigelb mit der Gabel zerdrücken. 30 g Butter, 20 g geriebenen Käse und 2 Eßlöffel passierten Spinat beimengen; mit Salz und Pfeffer würzen. Mit dieser Masse die halbierten Eier füllen. Eine feuerfeste Schüssel mit Butter einfetten, eine Schicht gewürzten Spinatbrei hineingeben. Darauf die gefüllten Eier legen. Die beiden rohen Eier auf die saure Sahne schlagen, salzen, pfeffern, mit dem Schneebesen glattrühren und auf die gefüllten Eier gießen. Die Oberfläche mit dem restlichen geriebenen Käse bestreuen und ungefähr 20 bis 25 Minuten bei mittlerer Hitze in der Röhre backen, bis die Oberfläche knusprig ist.
Sofort heiß servieren.

Töltött paprika gombás rizzsel töltve

*200 g Pilze, 150 g Reis, 50 g Fett,
8 Paprikaschoten, 3 Eier, Salz,
Pfeffer, Petersilie, Tomatensoße,
1 Zwiebel*

Paprikaschoten mit Pilzreis gefüllt

Gedünsteten Reis bereiten. Nicht zu weich kochen; auskühlen lassen. In der Zwischenzeit die Pilze säubern, blättrig schneiden, einige Minuten stehen lassen und danach den Pilzsaft gut ausdrücken. In einer Pfanne 30 g Fett auslassen, eine kleingehackte Zwiebel darin rösten, die Pilze hineingeben und unter ständigem Rühren bei starker Hitze 1 bis 2 Minuten lang rösten. Salzen, pfeffern und etwas feingehackte Petersilie darangeben. Vom Herd nehmen, den Reis dazugeben, die Eier hineinschlagen und nachwürzen. Die gesäuberten Paprikaschoten prall mit Pilzreis füllen – wie es bei den Paprikaschoten mit Fleischfüllung üblich ist. Tomatensoße zubereiten. Darin läßt man die gefüllten Paprikaschoten bei milder Hitze langsam kochen.
Heiß auftragen.

Fleischgerichte

Kes... sch

Das Ri.. sch .... Die feingehackten Zwiebeln im Fett glasig dünsten, ...rühren und mit etwas Wasser auffüllen. Das Fleisch ... ...nd zugedeckt bei mäßiger Hitze schmoren. Ab und zu umrühren ... ..was Wasser zugießen, um ein Anbrennen zu verhindern. Eine kleine Knoblauchzehe mit etwa 1 g Kümmel fein schneiden und damit würzen. Bevor das Fleisch gar ist, in kleine Würfel geschnittene, rohe Kartoffeln, zerkleinerte Paprikaschoten und Tomaten zufügen, mit 1 l Wasser auffüllen, salzen und alles zusammen weich kochen. Inzwischen aus einem Ei und so viel Mehl, wie es aufnimmt, einen harten Teig kneten, ausrollen und den „gezupften" Nudelteig in der Suppe zuletzt gar kochen.
Mit einigen dünnen Paprikaschoten- und Tomatenscheiben verziert heiß servieren.

Eines der verbreitetsten und beliebtesten Gerichte der ungarischen Küche. Man kennt zahlreiche Abarten, so das Szegediner, Debreziner, Bohnengulasch usw. Kesselgulasch ist ein ideales Eintopfgericht. Zusammen mit einer Süßspeise, mit Obst oder Käse als Nachtisch ergibt es ein komplettes Mittagessen. Sein Wohlgeschmack kann noch erhöht werden, wenn man außer Rindfleisch auch einige Stückchen Hachsenfleisch, Niere und Herz vom Rind (ohne Talg) zugibt. Hübsch und appetitlich wirkt das Gericht in einem Metallkesselchen, das eigens für diesen Zweck angefertigt wurde.
Dazu passendes Getränk: Erlauer Stierblut (Egri bikavér).

Bográcsgulyás

600 g Rindfleisch, 800 g Kartoffeln, 60 g Schweinefett, 150 g Zwiebeln, 3 Paprikaschoten, 2 Tomaten, 1 Ei, 20 g Paprika, Kümmel, Mehl, Salz, 1 Knoblauchzehe

Borjúpörkölt galuskával

800 g Kalbfleisch, 80 g Fett, 1 Zwiebel, 3 Paprikaschoten, 15 g Edelsüß-Paprika, 2 Tomaten, Salz

Kalbspörkölt mit Nockerln

Am besten eignen sich das Schulterblatt und das Fleisch der Hachse. Das Fleisch in Stücke von 40 bis 50 Gramm schneiden. Die feingeschnittene Zwiebel in heißem Fett dünsten, mit Paprika bestreuen, diesen schnell verrühren und sofort mit 0,1 l Wasser auffüllen. Weiter dämpfen, bis das Wasser einschmort, dann das Fleisch hineingeben. Salzen, die zerschnittenen Paprikaschoten und Tomaten darauflegen und zugedeckt bei starker Hitze weich dämpfen. Junges, zartes Kalbfleisch ist in 20 bis 25 Minuten gar. Ist das Fleisch etwas älter, muß ab und zu etwas Wasser nachgegossen werden, damit es nicht anbrennt.
Sofort heiß servieren, wenn das Fleisch gar ist.
Nockerln separat dazu reichen, hübsch servieren.

Der Geschmack des zarten Kalbfleisches kommt im Saft des Pörkölt, zusammen mit den Paprikaschoten gedämpft, besonders gut zur Geltung. Er kann durch einige Stückchen Hachse und Kalbsniere noch verfeinert werden. Wer den schärferen Geschmack liebt, kann eine scharfe Peperoni mitkochen, die vor dem Anrichten entfernt wird.
Dazu passendes Getränk: Debröer Lindenblättriger (Debrői hárslevelű).

Sertéspörkölt

600 g Schweinefleisch (ohne Knochen), 60 g Fett, Salz, 10 g Rosenpaprika, 3 Paprikaschoten, 2 Tomaten, 100 g Zwiebeln, 1 Knoblauchzehe

Schweinepörkölt

Die kleingeschnittene Zwiebel im Fett dünsten, mit Rosenpaprika bestreuen, der im Fett schnell verrührt wird, und mit einem Eßlöffel Wasser auffüllen. Das zerschnittene Fleisch hineinlegen (Schulterblatt und Hachse eignen sich am besten, auch einige schwartige Stücke können mitgekocht werden). Salzen und zugedeckt fast weich dämpfen, wobei ab und zu ein wenig Wasser nachgegossen wird. Die zerschnittenen Paprikaschoten, Tomaten, die feingewiegte Knoblauchzehe beifügen und alles gar dämpfen.
Sofort heiß servieren.

Eines der schmackhaftesten und beliebtesten ungarischen Gerichte. Beim Auftragen mit einigen Scheiben Paprikaschoten und Tomaten garnieren. Separat werden Eiergraupen oder Spätzle gereicht; Gurkensalat paßt ausgezeichnet dazu. In der Tiefebene wird das Gericht etwas schärfer gegessen, deshalb können 1 bis 2 Peperoni mitgekocht werden. Ferkelfleisch eignet sich ebenfalls gut, doch muß man darauf achten, daß es nicht zu fett ist.
Dazu passendes Getränk: Mórer Tausendgut (Móri ezerjó).

Marhapörkölt

600 g Rindfleisch (ohne Knochen),
100 g Zwiebeln, 10 g Rosenpaprika,
60 g Fett, 3 Paprikaschoten,
2 Tomaten, 1 Knoblauchzehe, Salz

Rinderpörkölt

Im erhitzten Fett die feingeschnittenen Zwiebeln dünsten, mit Paprika bestreuen, verrühren und mit einem Eßlöffel Wasser auffüllen. Das zerschnittene Rindfleisch (am besten eignet sich Schulterblatt oder Beinfleisch) salzen, die gewiegte Knoblauchzehe hineingeben und zugedeckt bei mäßiger Hitze fast weich dämpfen. Hin und wieder umrühren und einen Löffel heißes Wasser zugießen, damit das Fleisch nicht anbrennt. Bevor es vollkommen gar ist, die zerschnittenen Paprikaschoten und Tomaten dazugeben und zusammen weich kochen. Sofort heiß auftragen.

Ein sehr beliebtes, typisch ungarisches Gericht, die Grundlage des Gulasch. In der Tiefebene, wo man scharf ißt, wird es mit 1 bis 2 Peperoni gewürzt. In einigen Gegenden Transdanubiens kocht man eine Messerspitze Kümmel mit. Als Beilage passen vor allem Eiergraupen oder Spätzle sowie Paprika- oder Gurkensalat.
Dazu passendes Getränk: Erlauer Stierblut (Egri bikavér).

Malacpörkölt tarhonyával

600 g Ferkelfleisch, 80 g Fett, 150 g Zwiebeln, 3 Paprikaschoten, 2 Tomaten, Salz, 1 Knoblauchzehe, 15 g Edelsüß-Paprika

Ferkelpörkölt mit Eiergraupen

Das zarte Fleisch des Spanferkels zusammen mit den Knochen in Stücke von 60 bis 70 g schneiden. (Nur die stärkeren Knochen, z. B. von der Keule, entfernen.) Die kleingeschnittenen Zwiebeln im Fett hellgelb dünsten, mit Paprika bestreuen, schnell verrühren, mit etwas Wasser auffüllen, das einschmoren muß. Das Fleisch hineinlegen, salzen und bedeckt bei schwacher Hitze weich dämpfen. Hin und wieder umrühren und etwas Wasser zugießen. Ist das Fleisch halb gar, die Paprikaschoten und Tomaten hineinschneiden und zusammen fertigkochen. Kochzeit 15 bis 20 Minuten.
Nach Belieben kann das Fleisch auch mit einer Messerspitze feingeschnittenem Knoblauch während des Kochens gewürzt werden.
Im eigenen Saft sofort heiß auftragen. Mit einigen Scheiben Paprikaschoten und Tomaten garnieren. Separat die Eiergraupen (s. S. 38) reichen.

Ferkelpörkölt schmeckt am besten, wenn es aus Spanferkel zubereitet wird. Auch von älteren Ferkeln ist das Fleisch noch sehr schmackhaft, es wird dann aber mit weniger Fett zubereitet, da das Tier bereits eine dickere Speckschicht hat. Spitzbein, Leber und Lunge verfeinern den Geschmack des Gerichtes.
Anstelle der Eiergraupen können Spätzle oder Petersilienkartoffeln gereicht werden.
Dazu passendes Getränk: Balatonfüreder Riesling (Balatonfüredi rizling).

Kalbspaprikasch

Die feingeschnittenen Zwiebeln im Fett dünsten, Paprika hineinstreuen, verrühren und mit einem Löffel Wasser auffüllen. Das zerschnittene Fleisch hineinlegen (am besten eignet sich Schulterblatt oder Beinfleisch), salzen. Die zerschnittenen Paprikaschoten und die Tomate beigeben, und bei starker Hitze fast gar dämpfen. Ab und zu umrühren, wenig Wasser nachgießen, um ein Anbrennen zu verhindern. Die saure Sahne mit 1 Teelöffel Mehl verquirlen, hineingießen, nochmals salzen und bei mäßiger Hitze zugedeckt gar kochen.
Sofort heiß servieren, in einer separaten Schüssel Spätzle reichen.

Das Kalbspaprikasch ist eines der köstlichsten ungarischen Gerichte und nur mit dem Paprikahuhn vergleichbar, denn der Geschmack des Kalbfleisches harmonisiert besonders mit der paprizierten sauren Sahne. Mit einigen Scheiben Paprikaschoten und Tomaten garnieren. Kopfsalat schmeckt vorzüglich dazu.
Dazu passendes Getränk: Badacsonyer Grauer Mönch (Badacsonyi szürkebarát).

Borjúpaprikás

600 g Kalbfleisch (ohne Knochen), 100 g Zwiebeln, 1 Tomate, 0,2 l saure Sahne, 60 g Fett, 10 g Edelsüß-Paprika, 2 Paprikaschoten, Salz, Mehl

Rinderschmorfleisch auf Siebenbürger Art

Das Rindfleisch in Streifen schneiden, gut waschen und auf einem Sieb abtropfen lassen. Den Räucherspeck in kleine Würfel schneiden, in einer Kasserolle auslassen, eine große Zwiebel kleingeschnitten im Fett dünsten. Das Fleisch beigeben, salzen und bei starker Hitze unter ständigem Rühren einige Minuten braten. Dann die feingeschnittenen Knoblauchzehen hineingeben, etwas stärker als üblich pfeffern und zugedeckt bei milder Hitze schmoren. Einige Male umrühren, um ein Anbrennen zu vermeiden. Kocht der Saft ein, etwas Weißwein nachgießen. Ist das Fleisch halbgar, das Tomatenmark hineinrühren (im Sommer kann es durch 200 g in Stücke geschnittene Tomaten ersetzt werden), mit Thymian bestreuen und gar schmoren.
Auf einer vorgewärmten Platte heiß servieren. Als Beilage werden Quetschkartoffeln mit Zwiebeln oder gedünsteter Reis mit Petersilie gereicht, außerdem in Essig gesäuerte Paprikaschoten oder Paprikasalat.

Ein echt ungarisches Gericht, das in verschiedener Form gekocht wird, z. B. Schmorfleisch mit Zwiebeln oder gepfeffertes Schmorfleisch. Das Schmorfleisch auf Siebenbürger Art ist eine der feinsten Abarten, denn der Thymian verleiht ihm seinen besonderen Geschmack. Der Unterschied zwischen dem Tokány und dem Pörkölt besteht in der Vorbereitung des Fleisches: Es wird meistens nicht in Würfel, sondern in Streifen geschnitten.
Dazu passendes Getränk: Tokajer Furmint (Tokaji furmint).

Erdélyi marhatokány

800 g Rindfleisch, 100 g Räucherspeck, 1 Zwiebel, 50 g Tomatenmark, Salz, Pfeffer, 2 Knoblauchzehen, Weißwein, Thymian

Hétvezér tokány

*200 g Rindfleisch, 200 g Schweine-
fleisch, 200 g Kalbfleisch, 100 g Räucherspeck, 100 g Zwiebeln, 3 Paprikaschoten, 2 Tomaten, 10 g Edelsüß-
Paprika, 0,3 l saure Sahne, Salz,
Mehl*

Siebenfürsten-Schmorfleisch

Das Gericht bereitet man aus drei Sorten Fleisch ohne Knochen zu, das separat
in kleinere Streifen geschnitten wird. Der Geschmack der verschiedenen Fleischsorten und das harmonische Würzen verleihen dem Gericht sein besonderes
Aroma. Den Räucherspeck in kleine Würfel schneiden, in einem Topf auslassen, die kleingeschnittenen Zwiebeln im Fett dünsten. Mit Paprika bestreuen,
schnell verrühren und mit etwas Wasser auffüllen. Das gewaschene Rindfleisch
zugeben, anbraten und salzen. Ab und zu umrühren, etwas Wasser zugießen,
um ein Anbrennen zu verhindern, und zugedeckt halbgar schmoren. Dann das
gewaschene Schweinefleisch beigeben, weitere 10 bis 15 Minuten schmoren lassen, dann das Kalbfleisch zugeben, so daß das Ganze zusammen weich wird.
Nicht zu scharfe Paprikaschoten und Tomaten hineinschneiden, und wenn alle
Fleischsorten weich sind, das Wasser einschmoren lassen. Saure Sahne, 1 Eßlöffel Mehl und 0,1 l kaltes Wasser verquirlen und unter ständigem Rühren zugießen. Nochmals aufkochen lassen, abschmecken.
Sofort heiß servieren.
Der Saft muß rosafarben sein und an die Soße des Paprikahuhns (s. S. 100)
erinnern. Als Beilage Spätzle reichen, die mit saurer Sahne beträufelt werden.
Mit einigen Scheiben Paprikaschoten und Tomaten und feingehackter Petersilie
oder etwas Dill garnieren. Kopfsalat paßt ausgezeichnet dazu.

Dazu passendes Getränk: Balatonfüreder Riesling (Balatonfüredi rizling).

Csikós tokány

*600 g Schweinefleisch (ohne Knochen),
100 g durchwachsener Räucherspeck,
100 g Zwiebeln, 1 Tomate, 2 Paprikaschoten, 10 g Edelsüß-Paprika,
0,2 l saure Sahne, Salz, Mehl*

Schmorfleisch à la Tschikosch

Den Räucherspeck in Streifen schneiden und braten. Kleingeschnittene Zwiebeln im Fett dünsten, mit Edelsüß-Paprika bestreuen, verrühren, mit einem
Löffel Wasser auffüllen und das in lange Streifen geschnittene Schweinefleisch
hineingeben. Salzen, die zerkleinerten Paprikaschoten und die Tomate dazugeben und zugedeckt fast gar schmoren. Ab und zu umrühren, 1 Teelöffel Wasser
nachgießen, um ein Anbrennen zu vermeiden. Bevor das Fleisch gar ist, das
Wasser einschmoren lassen. Die saure Sahne, 2 Teelöffel Mehl und etwas Wasser verquirlen und beimengen. Gar kochen und abschmecken.
Heiß servieren. Als Beilage werden Spätzle gereicht.

*Ein echt ungarisches Gericht. Die Soße muß appetitanregend rosa sein, ähnlich
der des Paprikahuhns (s. S. 100). Den besonders guten Geschmack ergibt die
Kombination aus Schweinefleisch mit Paprika, Paprikaschoten, saurer Sahne und
der mit Speck gedünsteten Zwiebeln.*
Dazu passendes Getränk: Tokajer Furmint (Tokaji furmint).

Tejfeles, paprikás, kapros sertésborda

8 Schweinerippen zu je 80 g,
50 g Mehl, 80 g Fett, 1 Zwiebel,
2 Paprikaschoten, 1 Tomate,
10 g Edelsüß-Paprika, 0,3 l saure
Sahne, Salz, 2 Bund Dill

Paprizierte Schweinerippe mit saurer Sahne und Dill

Die Schweinerippen dünnklopfen, salzen, in Mehl wenden, in der Bratpfanne in heißem Fett beide Seiten braten und in einen Schmortopf legen. Im Fett eine mittelgroße, gehackte Zwiebel dünsten, mit Paprika bestreuen, schnell verrühren, mit 0,1 l Wasser auffüllen und über die Rippchen gießen. Salzen, Paprikaschoten und Tomate zerschnitten beigeben sowie ein gut gewaschenes Bündchen Dill. Das Fleisch bei milder Hitze zugedeckt fast gar dünsten, hin und wieder umrühren und notfalls Wasser nachgießen.

Den frischen Dill hacken. In einem Schüsselchen die saure Sahne mit 1 Eßlöffel Mehl und 0,1 l kaltem Wasser verquirlen. Ist das Fleisch fast weich, den Dill herausnehmen, die saure Sahne unter ständigem Rühren hineingießen, die Hälfte des feingeschnittenen Dills dazugeben, aufkochen und zugedeckt bei milder Hitze fertigkochen. Ist die Soße zu sämig, mit ein wenig saurer Sahne verdünnen; ist sie zu dünn, kann sie nochmals gebunden werden. Gut abschmecken. Auf einer vorgewärmten Platte heiß servieren. Das Fleisch mit der Soße übergießen und mit der anderen Hälfte des feingeschnittenen Dills bestreuen. Als Beilage können Spätzle oder gedünsteter Reis gereicht werden, auch Kopfsalat schmeckt sehr gut dazu.

Das köstliche Gericht kann nach Belieben aus Schweinekeule oder anderen Teilen des Schweins zubereitet werden. Auch Kalbfleisch eignet sich ganz ausgezeichnet. Dazu passendes Getränk: Tokajer Furmint (Tokaji furmint).

Paprikás sertésborda vargányával

480 g Schweinerippen, 400 g Steinpilze,
80 g Fett, 0,2 l saure Sahne, 1 Tomate,
1 Paprikaschote, Salz, 1 Zwiebel,
Mehl, Rosenpaprika

Paprizierte Schweinerippe mit Steinpilzen

Die dünngeklopften Schweinerippen salzen, in Mehl wenden und in heißem Fett braten, dann in einem kleinen Schmortopf beiseite stellen. Eine kleingeschnittene Zwiebel im Fett dünsten, die zerschnittenen Steinpilze dazugeben, kurz dünsten, mit dem Rosenpaprika bestreuen, schnell verrühren und mit etwas Wasser auffüllen. Die Paprikaschote und die Tomate hineinschneiden, mit etwas Mehl bestreuen, mit Wasser auffüllen und zugedeckt bei starker Hitze 4 bis 5 Minuten kochen, einige Male umrühren. Die saure Sahne mit etwas Mehl verquirlen, unterrühren und 2 bis 3 Minuten kochen, bis sie sämig ist. Danach die Soße durch ein Sieb auf das Fleisch gießen, nochmals aufkochen lassen und zugedeckt 2 bis 3 Minuten stehen lassen.

Das Fleisch mit der Soße servieren. Als Beilage wird gedünsteter Reis und Kopf- oder Paprikasalat gereicht.

Dazu passendes Getränk: Badacsonyer Blaustengler (Badacsonyi kéknyelű).

Ödenburger Schweinerippe

Die Schweinerippen dünnklopfen, salzen, in Mehl wenden und in etwas heißem Fett auf beiden Seiten anbraten. In einen Schmortopf legen. Im Fett einen Mokkalöffel Tomatenmark verrühren, dünsten, mit einer Messerspitze Mehl und einer feingeschnittenen Knoblauchzehe bestreuen, zusammen 1 bis 2 Minuten dünsten. Mit einem Gläschen Wasser auffüllen, salzen, pfeffern, aufkochen lassen und durch ein Sieb über die Rippen gießen. 2 bis 3 zerschnittene Paprikaschoten danebenlegen und bei milder Hitze, zugedeckt, weich dünsten. Inzwischen die weißen Bohnen in schwach gesalzenem Wasser gar kochen; das Wasser muß fast eingekocht sein, wenn sie weich sind. Das Kochwasser wird zur Bratensoße verwendet.

Das gekochte Bauchfleisch in Würfel schneiden, in einem Löffel Fett glasig braten, 50 g kleingeschnittene Zwiebeln im Fett dünsten. Die zerschnittenen Paprikaschoten beigeben, salzen, mit Rosenpaprika bestreuen und zugedeckt bei milder Hitze im eigenen Fett ohne Wasser dünsten.

Sind die Paprikaschoten fast weich, 1 Eßlöffel Tomatenmark hineingeben, mit einem Bündchen feingehackter Petersilie bestreuen, die abgesiebten Bohnen dazugeben. Zugedeckt bei schwacher Hitze so weich dünsten, daß der untere Teil etwas anbräunt.

Heiß servieren. Auf einer Seite der Platte liegen die Schweinerippen, die mit etwas Bratensoße beträufelt werden, auf der anderen Seite das Gemisch von Paprikaschoten und Bohnen. Eisgekühlte saure Gurken dazu reichen.

In der Umgebung von Sopron (deutsch: Ödenburg) werden sehr gute Bohnen und auch edle Weine gezüchtet. Deshalb paßt zu diesem Gericht am besten der Ödenburger Blaufränkische (Soproni kékfrankos).

Soproni sertésborda

480 g Schweinerippe (4 Scheiben), 100 g gekochtes Bauchfleisch, 200 g weiße Bohnen, 100 g Tomatenmark, 80 g Fett, 10 g Rosenpaprika, Mehl, Salz, Pfeffer, 50 g Zwiebeln, 1 Knoblauchzehe, Petersilie, 2–3 Paprikaschoten

Schweinerippe à la Udvarhely

Den Räucherspeck in dünne Scheiben schneiden und in einer Pfanne ausbraten. Eine kleine Zwiebel darin dünsten, die in kleine Stücke geschnittenen Tomaten beigeben und bei starker Hitze unter ständigem Rühren 2 bis 3 Minuten dünsten. Salzen, pfeffern, mit etwas kleingeschnittenem Knoblauch und feingewiegter Petersilie würzen. Die abgegossenen, kleingeschnittenen Bohnen hineingeben. Inzwischen die Schweinerippen in Fett braten, in die Bohnen legen und zusammen 1 bis 2 Minuten dünsten; danach ebensolange stehenlassen. Die Bohnen auf den Rippen anrichten und mit dem eigenen Saft übergießen. Dazu wird Kopfsalat gereicht.

Dazu passendes Getränk: Badacsonyer Blaustengler (Badacsonyi kéknyelű).

Udvarhelyi sertésborda

500 g Schweinerippe, 60 g Räucherspeck, 60 g Fett, 200 g Tomaten, 500 g grüne Konservenbohnen, Salz, Pfeffer, 1 Zwiebel, 1 Knoblauchzehe, Petersilie

Májusi sertésborda

*500 g Schweinerippe (4 Scheiben),
800 g neue Kartoffeln, 400 g zarte
grüne Erbsen, 4 Salatköpfe,
60 g Fett, 80 g Butter, Salz, Pfeffer,
Petersilie, Mayonnaise, Zitronensaft,
Radieschen, Semmelmehl, Senf*

Schweinerippe auf Maienart

Die Kartoffeln zum Kochen aufsetzen. Inzwischen den Kopfsalat mit Mayonnaise zubereiten, mit etwas Pfeffer, Senf und Zitronensaft abschmecken und mit den in Scheiben geschnittenen Radieschen vermengen. Bis zum Servieren in den Kühlschrank stellen. Die Erbsen mit etwas Butter und feingeschnittener Petersilie zugedeckt dünsten, hin und wieder etwas Wasser nachgießen, damit sie nicht anbrennen, leicht salzen und nach Belieben mit etwas Zucker abschmecken. Die Kartoffeln abgießen, mit Petersilie und Butter bestreuen. Gut aufschütteln und bis zum Servieren warm halten. In einer Pfanne Butter zergehen lassen. Die Schweinerippen dünnklopfen, salzen und pfeffern. In einer anderen Pfanne Fett erhitzen und die Schweinerippen zunächst in der ausgelassenen Butter, dann im Semmelmehl wenden und im heißen Fett auf beiden Seiten bei nicht zu starker Hitze knusprig braten, da die Rippen wegen der Butter und des Semmelmehls schnell anbrennen.
Sofort heiß servieren. Die Rippen in die Mitte der Platte legen, auf der einen Seite mit grünen Erbsen, auf der anderen mit Petersilienkartoffeln garnieren. Kopfsalat dazu reichen.

Dazu passendes Getränk: Badacsonyer Grauer Mönch (Badacsonyi szürkebarát).

Sertésborda badacsonyi borral

*500 g Schweinerippe (4 Scheiben),
200 g Pilze, 0,2 l Badacsonyer Wein,
0,1 l süße Sahne, 60 g Fett, 40 g Butter, Salz, Pfeffer, Petersilie, Mehl,
Zitronensaft, 1 Zwiebel*

Schweinerippe mit Badacsonyer Wein

Die Pilze waschen, in Scheiben schneiden. Die Schweinerippen dünnklopfen, salzen, pfeffern, in Mehl wenden und in der Pfanne auf beiden Seiten knusprig braten. Die Fleischscheiben in eine andere Pfanne legen, mit dem Fett übergießen. Nur etwas Fett in der Pfanne lassen, die Butter hineingeben, eine Zwiebel darin rösten, die Pilze zufügen. Mit feingehackter Petersilie bestreuen, salzen, pfeffern und bei starker Hitze 1 bis 2 Minuten dünsten. Mit 1 Teelöffel Mehl bestreuen, einige Sekunden weiterdünsten, den Wein hinzugießen und glattrühren. Zugedeckt bei starker Hitze gut aufkochen lassen, bis die Flüssigkeit sämig wird. Dann über die Schweinerippen gießen oder diese in die Soße legen. Die süße Sahne beigeben, noch 1 bis 2 Minuten kochen.
Nach Belieben kann dem Gericht auch etwas Zitronensaft beigegeben werden, aber erst kurz vor dem Servieren. Als Beilage paßt Reis mit grünen Erbsen. Der Badacsonyer Wein gibt der Speise ein besonderes Aroma. Sie kann auch mit anderen ungarischen Weinen wie z. B. Erlauer Stierblut oder Tokajer zubereitet werden.

Dazu passendes Getränk: Debrőer Lindenblättriger (Debrői hárslevelű).

73

Rántott sertésborda

600–700 g Schweinerippe (8 Scheiben), 2 Eier, Fett, Salz, Mehl, Semmelmehl

Panierte Schweinerippe

Die Schweinerippe leicht ausklopfen und salzen. Zunächst im Mehl, dann im verquirlten Ei und schließlich im Semmelmehl wenden. In reichlich heißem Fett auf beiden Seiten knusprig braten. Sofort heiß servieren.

Die panierte Schweinerippe ist ein in Ungarn allgemein bekanntes Gericht der Alltagsküche. Schweinekeule nimmt man auch gerne dazu; sie wird in Scheiben geschnitten und geklopft. Sie kann mit vielerlei Beilagen gereicht werden, am häufigsten mit in viel Fett gebratenen Kartoffeln und irgendeinem Salat.
Gemüse ist als Beilage auch beliebt. Kürbisgemüse mit saurer Sahne, grüne Bohnen mit saurer Sahne, Spinat, Sauerampfer usw. Zum Abendbrot trägt man die Schweinerippe gern kalt auf und reicht Salat dazu.
Dazu passendes Getränk: Mórer Tausendgut (Móri ezerjó).

Sertéskaraj sütve

800 g Schweinekotelett, 60 g Fett, Salz, Pfeffer, Majoran, Mehl, Tomatenmark

Gebackene Schweinekoteletts

Den Rückgratknochen der Länge nach aus dem Fleisch herausschneiden, nur die Rippenknochen bleiben. Waschen, salzen, mit etwas Pfeffer und Majoran an den knochigen Stellen bestreuen, auf ein Backblech legen, mit heißem Fett übergießen und in der Backröhre backen. Hin und wieder mit dem eigenen Saft übergießen, damit der Braten knusprig wird und sich die schmackhaften Röststoffe bilden. Ist das Fleisch fertig, warm halten, einen Teelöffel Tomatenmark im Bratensatz bräunen, mit einer Messerspitze Mehl bestäuben, noch etwas rösten. Dann mit 0,1 l Wasser auffüllen, aufkochen und mit dieser Bratensoße, die durch ein Sieb gegossen wird, die Koteletts begießen. Auf die gleiche Weise kann Schweinekeule, Schulterblatt und Rippenstück gebacken werden.
Als Beilage hierzu werden gedünsteter Kohl, Kohlgemüse oder andere Gemüsesorten gereicht. Aber auch Bratkartoffeln und ein Salat passen vorzüglich dazu.

Dieses Gericht würzt man auch gern mit Kümmel oder Knoblauch, mit Sardellenpaste, Zwiebel usw. Die Koteletts mit Dauerwurst gefüllt und gebacken sind ebenfalls sehr schmackhaft. Sie können zum Abendessen auch kalt mit einem passenden Salat aufgetragen werden.
Eine andere wohlschmeckende ungarische Spezialität sind Schweinekoteletts oder Keule, von der die dicke, zähe Haut nicht entfernt wurde (bőrös sertéskaraj). Die Haut wird hierfür eingeschnitten und knusprig gebraten. Dazu eignet sich das Fleisch des Jungschweins besonders gut.
Dazu passendes Getränk: Tokajer Furmint (Tokaji furmint).

Rostbraten in der Pfanne

Die Filets klopfen, salzen, in Mehl wenden, anbraten und in einen Schmortopf legen. Im Bratensatz 2 mittelgroße Zwiebeln hellgelb dünsten, mit Rosenpaprika bestreuen und schnell verrühren. Mit 0,1 l Wasser auffüllen, aufkochen und über die Filets schütten. Salzen, eine kleingehackte Knoblauchzehe mit etwas Kümmel beigeben. Bei geringer Hitze zugedeckt fast gar braten, hin und wieder etwas Wasser nachgießen. Bevor das Fleisch gar ist, die geviertelten Kartoffeln, 2 Paprikaschoten und 2 Tomaten beigeben und mit so viel Wasser auffüllen, daß das Ganze halb bedeckt ist. Im geschlossenen Topf weich kochen.
Sofort heiß servieren. Auf einer vorgewärmten Platte die Filets und darauf die Kartoffeln anrichten und mit dem Saft beträufeln. Kurz vor dem Servieren kann das Gericht mit einigen Scheiben Paprikaschoten und Tomaten garniert und eventuell mit feingehackter Petersilie bestreut werden. Kopfsalat, Gurken-, Paprikasalat oder eiskalte saure Gurken dazu reichen.

Eines der schmackhaftesten ungarischen Gerichte, es kann auch aus Rinderfilet oder Schweinerippe zubereitet werden.
Dazu passendes Getränk: Erlauer Stierblut (Egri bikavér).

Serpenyős rostélyos

700 g Rostbratenfilet (4 Scheiben), 100 g Fett, 1000 g Kartoffeln, Salz, 2 Zwiebeln, 1 Knoblauchzehe, 15 g Rosenpaprika, Kümmel, Paprikaschoten, Tomaten, Mehl

Szegediner Rostbraten

Die geklopften Filets salzen, in Mehl wenden und anbraten. Im Bratensatz die feingeschnittenen Zwiebeln rösten, mit Rosenpaprika bestreuen und verrühren, mit 1 Glas Wasser auffüllen, über die vorgebratenen Filets gießen. Halbgar schmoren, mit einer feingeschnittenen Knoblauchzehe, etwas Kümmel und einer Prise Majoran würzen. Mohrrüben und Petersilienwurzeln in kleine Würfel schneiden und mit etwas Fett, zugedeckt, bei mäßiger Hitze halbgar dünsten. Die in kleine Würfel geschnittenen Kartoffeln, 2 Paprikaschoten und 2 Tomaten beigeben und mit so viel Wasser auffüllen, daß das Ganze halb bedeckt ist. Salzen und in geschlossenem Topf bei milder Hitze gar dünsten.
Aus einem Ei und so viel Mehl, wie es aufnimmt, einen festen Teig kneten, in kleine Stückchen zupfen und separat kochen. Die Filets auf einer vorgewärmten Platte anrichten, das Gemüse und die Kartoffeln darauflegen, mit dem eigenen Saft beträufeln, die Nudeln darüberlegen, mit einigen Scheiben Paprikaschoten und Tomaten garnieren und mit ein wenig feingeschnittener Petersilie bestreuen.

Die gezupften Nudlen sind ein typisch ungarisches Gericht: ein ohne Wasser, nur aus Ei und Mehl gekneteter Teig, der messerrückendünn ausgerollt, mit der Hand gezupft und geformt wird. Daher der Name „csipetke" (gezupfter Teig).
Dazu passendes Getränk: Erlauer Stierblut (Egri bikavér).

Szegedi rostélyos

700 g Filet (4 Scheiben), 100 g Fett, 600 g geschälte Kartoffeln, 150 g Mohrrüben, 100 g Petersilienwurzel, Mehl, Salz, Majoran, 15 g Rosenpaprika, 1 Knoblauchzehe, 150 g Zwiebeln, Kümmel, 1 Ei, Paprikaschoten, Tomaten, Petersilie

Debreziner Rostbraten

Das Rostbratenfilet leicht klopfen, salzen, in Mehl wenden, in heißem Fett auf beiden Seiten leicht anbraten und in eine Kasserolle legen. In etwas heißem Fett die feingewiegten Zwiebeln hellgelb dünsten, etwas Edelsüß-Paprika darüberstreuen, rasch durchrühren, 0,1 l Wasser zugießen, schwach salzen und über die Filets schütten. Zugedeckt bei mäßiger Hitze schmoren, mit einer Messerspitze Majoran und einer mit etwas Kümmel vermengten, feingehackten Knoblauchzehe würzen. Stets Wasser nachfüllen, damit das Gericht nicht anbrennt. Ist das Fleisch halb gar, die Würstchen mitkochen. Noch bevor das Fleisch völlig weich ist, die Wurst herausnehmen und in dünne Scheiben schneiden. Den Rostbraten auf der einen Seite des Topfes anordnen, die in Viertel geschnittenen Kartoffeln danebenlegen. Auf das Fleisch in Streifen und Scheiben zerteilte Paprikaschoten und frische Tomaten geben. Mit so viel Wasser auffüllen, daß alles halb bedeckt ist; zuletzt die Wurstscheiben darübergeben und zugedeckt bei mäßiger Hitze so lange kochen, bis Fleisch und Kartoffeln gar sind. In eine vorgewärmte Schüssel zuerst den Rostbraten, darauf die Kartoffeln mit den Wurst- und Paprikastreifen ansprechend anordnen, dann die Soße darübergießen.

Heiß servieren. Kurz vorher mit kleingeschnittenen frischen Paprikaschoten und Tomaten, eventuell auch mit etwas feingewiegter Petersilie bestreuen. Dazu Kopfsalat oder eisgekühlte saure Gurken reichen.

Die wahre Heimat dieses Gerichts ist Debrecen, woher die Debreziner Würstchen kommen. Ihr Geschmack verleiht der Speise das richtige Aroma. Verwendet man eine härtere, geräucherte Dauerwurst, muß sie längere Zeit mit dem Fleisch zusammen schmoren.
Dazu passendes Getränk: Erlauer Stierblut (Egri bikavér).

Debreceni rostélyos

800 g Rostbratenfilet (4 Scheiben), 300 g Debreziner Würstchen oder Räucherwurst, 80 g Schweinefett, 800 g Kartoffeln, 150 g Zwiebeln, 4 Paprikaschoten, 3 Tomaten, 20 g Edelsüß-Paprika, Kümmel, Salz, Mehl, Majoran, 1 Knoblauchzehe

Rostbraten mit Suppengrün und saurer Sahne

Die geklopften Filets salzen, pfeffern, in Mehl gewendet vorbraten und in einen Schmortopf legen. Im Fett einen Löffel Mehl hellgelb rösten, 30 g feingeschnittene Zwiebeln zugeben, etwas rösten, 0,1 l Weißwein und ebensoviel Wasser zugießen, glattrühren und auf die Filets gießen. Salzen, das Lorbeerblatt und die abgeriebene Schale einer halben Zitrone hinzufügen; bei mittlerer Hitze fast gar schmoren. Wenn nötig, etwas Wasser nachgießen, damit das Fleisch nicht anbrennt.

Das Suppengrün in Streifen schneiden und mit wenig Fett (das beim Braten der Filets zurückgehalten wird) und 30 g feingeschnittenen Zwiebeln dünsten, leicht salzen und feingehackte Petersilie dazugeben. Sind Fleisch und Suppengrün fast

Tejfeles zöldséges rostélyos

700 g Filet (4 Scheiben), 100 g Fett, 150 g Mohrrüben, 100 g Petersilienwurzeln, 0,2 l saure Sahne, Salz, Pfeffer, Mehl, 60 g Zwiebeln, Lorbeerblatt, Weißwein, Zitrone, Senf, Zukker, Kapern, Petersilie

gar, saure Sahne auf die Filets gießen, umrühren, aufkochen. Das gedünstete Suppengrün beigeben, nachsalzen, ein paar Kapern darauf streuen. Mit dem durchgeseihten Saft einer halben Zitrone, einem Teelöffel Senf, einer Prise Zucker abschmecken, gut durchrühren. Noch 4 bis 5 Minuten kochen, bis alles gar ist.

In eine Schüssel zuunterst die Filets legen, darüber das Suppengrün und die Soße verteilen. Dazu gedünsteten Reis mit Petersilie reichen. Auch das Fleisch kann mit ein wenig feingewiegter Petersilie bestreut werden. Sofort heiß servieren.

Dazu passendes Getränk: Badacsonyer Grauer Mönch (Badacsonyi szürkebarát).

Ropogós malacsült

1 Spanferkel (ca. 3500 g, das entspricht 10–12 Portionen), 150 g Räucherspeck, 50 g Fett, 0,25 l Bier, Salz, Majoran

Knuspriger Spanferkelbraten

Das gesäuberte, ausgenommene Spanferkel in einem Stück braten. Die Klauen abschneiden, von innen das Rückgrat einschneiden. Ungefähr eine Stunde vor dem Braten das Innere salzen und mit etwas Majoran würzen. (Von außen nicht salzen, da das Ferkel sonst nicht knusprig brät!) Auf einem Backblech entsprechender Größe aus sauberen Holzstückchen eine Unterlage bauen, das Ferkel der Länge nach darauflegen und von außen mit kaltem Fett einreiben. Auf die Ohren und den Schwanz Papiertüten ziehen, damit sie nicht zu sehr austrocknen. Bratzeit bei mäßiger Hitze ungefähr 2 bis 2½ Stunden. Während des Bratens den in Würfel geschnittenen Speck in Bier tauchen und damit das Spanferkel bestreichen. Dies und die gleichmäßige Hitze verleihen dem Ferkel die goldgelbe Farbe.

Heiß auftragen. Mit einem breiten Hackmesser zunächst den Kopf abschneiden, dann der Länge nach halbieren und tranchieren.

Mit gedünstetem Kohl, der mit Weißwein oder Sekt zubereitet wurde, servieren. Wird auch der Kopf gereicht, die Schnauze mit einer Zitronenscheibe garnieren und den Schädel am Knochen öffnen, damit das Hirn herausgenommen werden kann. Toastscheiben dazu geben.

Das knusprige Spanferkel ist der traditionelle Silvesterbraten – wird aber auch am Neujahrstag oder in den folgenden Wochen gern gegessen. Am Neujahrstag kann aus dem Spanferkelklein, den Klauen, der Leber und der Lunge eine Suppe gekocht werden. Sie wird mit saurer Sahne und Zitrone gewürzt und mit Semmelklößchen gereicht.

Der Spanferkelbraten kann auch kalt mit passenden Salaten wie Kopfsalat, Rot- oder Weißkohlsalat, eiskalten sauren Gurken, Gurkensalat mit saurer Sahne, Tomatensalat gereicht werden.

Dazu passendes Getränk: Badacsonyer Grauer Mönch (Badacsonyi szürkebarát).

Siebenbürger Holzplatte

Von jeder Fleischsorte die Scheiben klopfen, salzen, etwas pfeffern und in Mehl wenden. Vor dem Braten den Rand einer entsprechend großen Holzplatte mit verschiedenen Salaten garnieren, die der Saison entsprechen. (Im Sommer z. B. mit Kopf-, Tomaten- oder Gurkensalat, mit eiskalten sauren Gurken, in Scheiben geschnittenen Paprikaschoten; im Winter mit Paprikasalat, Essiggurken, Rot- oder Weißkohlsalat, Selleriesalat.) Die Salate sollen in der Form eines bunten Kranzes auf der Holzplatte angeordnet werden, Farbe und Geschmack müssen wechseln. Die eingeschnittenen Speckscheiben braten, so daß sie sich wie ein Hahnenkamm öffnen, und im Rosenpaprika wenden. Bis zum Anrichten warm halten. Kartoffeln in Stifte schneiden und in reichlich Fett knusprig braten. Bis zum Anrichten warm halten. Schließlich in der Pfanne in heißem Fett bei starker Hitze die Fleischscheiben knusprig braten. Das Fleisch über den Kartoffeln in der Mitte des Tellers anrichten und darüber die Speckscheiben anordnen.
Sofort heiß servieren.

Die Holzplatte auf eine runde Silberplatte stellen. Es ist üblich, eine mit ungarischen Motiven bestickte Decke darunterzulegen und ein Taschenmesser mit geschnitztem Holzgriff in die Holzplatte zu stechen.
Dazu passendes Getränk: Debrőer Lindenblättriger (Debrői hárslevelű).

Erdélyi fatányéros

400 g Schweinerippe (4 Scheiben), 400 g Kalbskeule (4 Scheiben), 400 g Lendenstück (4 Scheiben Kernfleisch), 200 g Räucherspeck, 250 g Fett, Salz, Mehl, Rosenpaprika, Salz, Pfeffer, 250 g Kartoffeln

Räuberbraten am Spieß

Das Fleisch in kleine runde Scheiben schneiden, mit einer Prise Majoran würzen, dünn mit Senf bestreichen, in Öl tauchen und für einige Stunden in den Kühlschrank legen. Auch den Speck und die Zwiebeln in kleine Stücke schneiden. Die Pilzköpfe reinigen.
Vier angespitzte Stäbchen oder Spieße zum Braten vorbereiten. Wurst- oder Schaschlikstäbchen eignen sich am besten dazu. Auf jedes Stäbchen zunächst ein Stück Speck spießen, das Kalb- und Schweinefleisch sowie das Lendenstück, dazwischen je ein Stück Speck, eine Scheibe Zwiebel und einen Pilzkopf stecken usw. An beiden Enden muß sich je ein Stück Speck befinden, dadurch wird das Ganze während des Bratens zusammengehalten. Nach dem Salzen in reichlich heißem Fett schön knusprig braten.
Sofort heiß servieren.

Ursprünglich wurde der Räuberbraten am Spieß über offener Glut gebraten. Seinen Namen erhielt das Gericht aus der romantischen Zeit der in den Wäldern lebenden Betyáren, die ihr Mittagessen auf diese Art bereiteten. Auch heute macht

Rablóhús nyárson sütve

200 g Jungfernbraten (Schwein), 200 g Kalbskeule (Kernfleisch), 200 g Lendenbraten, 200 g Räucherspeck, 200 g Pilze, 2 Zwiebeln, Salz, Majoran, Senf, Öl, Fett zum Braten

man es noch so in Gartenrestaurants und auf Ausflügen. Man kann den Braten sehr gut mit Bratkartoffeln und verschiedenen Salaten wie Paprika-, Tomaten-, Kohl- oder Gurkensalat servieren.
Dazu passendes Getränk: Ödenburger Blaufränkischer (Soproni kékfrankos).

Tejszínes, paprikás borjúfilé

500 g Kalbsfilet, 20 g Salz, 80 g Fett, 100 g Paprikaschoten, 50 g Tomaten, 50 g Zwiebeln, 10 g Edelsüß-Paprika, 0,1 l süße Sahne, 0,1 l Joghurt, 20 g Mehl

Papriziertes Kalbsfilet mit süßer Sahne

Die Kalbsfilets salzen und auf beiden Seiten in heißem Fett braten. Aus dem Fett herausnehmen und in einen Schmortopf legen. Im Bratensatz die feingeschnittenen Zwiebeln dünsten, mit Paprika bestreuen, durchrühren, mit etwas Wasser auffüllen und einschmoren lassen. Die vorgebratenen Kalbsfilets sowie die in kleine Stücke geschnittenen Paprikaschoten und Tomaten beigeben und zugedeckt fast weich dünsten. Die süße Sahne mit Mehl verquirlen, etwas Wasser zugeben und durch ein Sieb über die Kalbsfilets gießen, gar kochen, abschmecken. Der Joghurt wird kurz vor dem Auftragen in das Gericht gerührt.

Die Filets werden mit Spätzle oder gedünstetem Reis garniert. Separat Kopfsalat reichen. Auch Schweine- oder Lammrippchen können verwendet werden.
Dazu passendes Getränk: Badacsonyer Grauer Mönch (Badacsonyi szürkebarát).

Vagdalt borjúszeletek gazdasszony módra

300 g Kalbfleisch, 100 g halbfettes Schweinefleisch, 100 g Räucherspeck, 100 g Fett, 50 g Butter, 800 g grüne Bohnen, 0,2 l saure Sahne, 50 g Sardellenpaste, 50 g Semmelmehl, 1 Semmel, 1 Ei, 1 kleine Zwiebel, Salz, Pfeffer, Petersilie, 1 Bündchen Schnittlauch

Gehacktes Kalbsfilet auf Hausfrauenart

Kalb- und Schweinefleisch und die eingeweichte, gut ausgedrückte Semmel durch den Fleischwolf drehen. Mit der in Fett gerösteten, feingeschnittenen Zwiebel, Petersilie, Salz, Pfeffer würzen, das Ei hineingeben. Aus dem gut durchgekneteten Fleischteig Scheiben formen und in der Pfanne in heißem Fett knusprig braten. Auf eine gebutterte, feuerfeste Platte legen, darauf die Sardellenpaste verteilen, mit feingewiegtem Schnittlauch und Semmelmehl bestreuen, mit saurer Sahne und etwas zerlassener Butter begießen und einige Minuten in die Backröhre stellen. Inzwischen die der Länge nach zerschnittenen grünen Bohnen weich kochen, abtropfen lassen und in einer Pfanne den in Scheiben geschnittenen Räucherspeck braten. Die grünen Bohnen zugeben, umrühren, salzen, pfeffern und separat zu den gehackten Kalbsfilets servieren. Hierzu wird Kartoffelpüree gereicht.

Dazu passendes Getränk: Mórer Tausendgut (Móri ezerjó).

Mit Reis und Pilzen gefüllte Kalbsbrust

Die Knochen aus der Kalbsbrust entfernen und für die Füllung eine Öffnung schneiden. Gut waschen. Den Reis halbgar dünsten und auskühlen lassen. Die feingeschnittenen Champignons in heißer Butter mit feingeschnittener Zwiebel und Petersilie dünsten, den in Würfel geschnittenen Schinken hineingeben. Salzen, pfeffern, mit Paprika würzen und den Reis zugeben. Die Eier darüber aufschlagen, das Ganze durchrühren und damit die Brust füllen. Das Ende der Öffnung zunähen (den Faden vor dem Auftragen entfernen). Die Brust salzen und in der Bratpfanne mit warmem Fett übergießen und braten. Fett und Bratensatz dienen als Bratensoße. Das Braten soll so erfolgen, daß das Fleisch vor dem Servieren noch 10 Minuten steht, da es so leichter in Scheiben geschnitten werden kann. Die nicht zu dünnen Scheiben auf eine vorgewärmte Platte legen, mit dem eigenen Saft übergießen. Als Beigabe einen Saisonsalat reichen.

Dazu passendes Getränk: Tokajer Furmint (Tokaji furmint).

Gombás rizzsel töltött borjúszegy

1000 g Kalbsbrust, 100 g Kochschinken, 150 g Reis, 200 g Champignons, 10 g Fett, 50 g Butter, 50 g Zwiebeln, 2 Eier, Salz, Pfeffer, Petersilie, Edelsüß-Paprika

Lendenbraten à la Sárköz

Die Butter salzen, pfeffern, mit feingehackter Petersilie würzen, mit 1 Teelöffel Vitaminpaprika gut durchrühren, eine Rolle formen und in den Kühlschrank stellen. Den Räucherspeck in kleine Würfel schneiden, in einer Pfanne braten, das Fett in eine andere Pfanne gießen, nur so viel übriglassen, daß darin eine feingeschnittene Zwiebel geröstet werden kann. Ist die Zwiebel goldgelb, die in Würfel geschnittenen Pilze zugeben, salzen, pfeffern, mit Paprika bestreuen, eine feingehackte Knoblauchzehe beifügen und bei starker Hitze 2 bis 3 Minuten dünsten. Die in Würfel geschnittenen Tomaten zugeben und unter ständigem Rühren 1 bis 2 Minuten weiterdünsten. Vom Herd nehmen, zugedeckt warm halten. Die geklopften Fleischscheiben salzen, pfeffern und in dem heißen Fett des Räucherspecks auf beiden Seiten braten. Die Fleischscheiben auf den Pilzen und Tomaten anrichten und darüber die in dünne Scheiben geschnittene Gewürzbutter legen.
Sofort heiß servieren. Separat Bratkartoffeln oder gedünsteten Petersilienreis reichen.

Sárköz ist eine der typischsten Landschaften Westungarns, wo man sehr gut kocht. Paprizierte Gerichte gehören zu ihren Spezialitäten.
Dazu passendes Getränk: Erlauer Stierblut (Egri bikavér).

Bélszínszeletek sárköziesen

480 g Lendenbraten (4 Scheiben Kernstück), 200 g Pilze, 400 g Tomaten, 100 g Butter, 50 g Salz, 5 g Rosenpaprika, Mehl, Pfeffer, Petersilie, Vitaminpaprika, 1 Knoblauchzehe, 1 Zwiebel, 50 g Butter

81

Bélszínszelet pirított gombával és zöldborsóval

480 g Lendenbraten (Kernfleisch), 200 g Konservenerbsen, 150 g Pilze, 120 g Fett, Salz, Pfeffer, Mehl, Petersilie, 1 Zwiebel

Lendenbraten mit gedünsteten Pilzen und grünen Erbsen

Die Pilze in kleine Stücke schneiden. In einer Pfanne 40 g Fett erhitzen, eine Messerspitze feingeschnittene Zwiebeln anrösten, die Pilze hineingeben und bei starker Hitze unter ständigem Rühren 1 bis 2 Minuten dünsten. Die Erbsen abgießen und alles zusammen 1 bis 2 Minuten dünsten. Mit Salz, Pfeffer und feingeschnittener Petersilie würzen. Vom Herd nehmen und zugedeckt beiseite stellen. Die Fleischscheiben braten, auf eine Platte legen und die gerösteten Pilze und Erbsen gleichmäßig darauf verteilen. Man verfeinert den Geschmack, wenn vor dem Servieren 50 g Butter in Flöckchen darübergestreut werden. Als Beilage Bratkartoffeln und Kopfsalat reichen.

Dazu passendes Getränk: Ödenburger Blaufränkischer (Soproni kékfrankos).

Bélszínszelet pirított csirkemájjal és gombával

400 g Lendenbraten (4 Scheiben), 200 g Hühnerleber, 200 g Pilze, 100 g Fett, 50 g Räucherspeck, Salz, Pfeffer, Edelsüß-Paprika, Petersilie, 1 Zwiebel

Lendenbraten mit gedünsteter Hühnerleber und Pilzen

Die Fleischscheiben etwas klopfen, salzen, pfeffern und in Mehl wenden, in erhitztem Fett auf beiden Seiten knusprig braten und auf die Anrichteplatte legen. Das Fett abgießen und nur so viel übriglassen, daß man den in kleine Stücke geschnittenen Räucherspeck darin braten kann. Kleingeschnittene Zwiebeln beigeben, kurz dünsten. Die zerschnittene Hühnerleber und die Pilze hinzufügen, salzen, pfeffern, mit Paprika und feingeschnittener Petersilie bestreuen, bei starker Hitze 2 bis 3 Minuten dünsten und auf den Fleischscheiben verteilen. Bratkartoffeln oder Kartoffelpüree als Beilage reichen. Man kann auch Enten- oder Gänseleber nehmen.

Speisemorcheln verfeinern den Geschmack.
Dazu passendes Getränk: Erlauer Stierblut (Egri bikavér).

Tárkonyos bárány

1000 g Lammfleisch, 150 g Suppengrün, 100 g Zwiebeln, 50 g Butter, 40 g Mehl, 0,125 l süße Sahne, 2 Eigelb, Salz, Pfefferkörner, Estragon

Lammfleisch mit Estragon

Für dieses Gericht eignet sich das Vorderteil des Lamms besonders gut. Aus Brust, Schulter und Hals die Knochen entfernen. Aus den zerteilten Knochen in so viel Wasser, daß sie bedeckt sind, eine Brühe bereiten, die mit Suppengrün, Zwiebeln und 7 bis 8 Pfefferkörnern gewürzt und leicht gesalzen wird.
Das Fleisch in Würfel schneiden, gut waschen, 2 bis 3 Minuten in siedendes Wasser legen. Das Wasser abgießen und mit reichlich kaltem Wasser nachspülen.

Das Fleisch in einen emaillierten Topf legen. Die Knochenbrühe durch ein Sieb auf das Fleisch gießen. Salzen, 1 Zwiebel und einige Stengel Estragon mitkochen, die herausgenommen werden, wenn das Fleisch gar ist. Im geschlossenen Topf fast weich kochen. Eine helle Schwitze bereiten, das Gericht damit binden. Mit einem Bündchen feingeschnittenem Estragon würzen, salzen und gar kochen.

In einem Schüsselchen die süße Sahne mit den Eigelben verquirlen und in das übrige hineinrühren. Sofort vom Herd nehmen. (Es darf nicht aufkochen, da sonst das Eigelb gerinnt.) Mit Estragon-Essig oder Zitronensaft säuern. Sofort heiß in der Suppenterrine auftragen. Als Beilage wird gedünsteter Reis gereicht.

Dieses Gericht wurde früher in Siebenbürgen aus Lammkopf zubereitet. Man kochte das Hirn und die Zunge mit, wodurch es besonders schmackhaft wurde. Heute wird im allgemeinen Lammfleisch ohne Knochen verwendet.
Dazu passendes Getränk: Mórer Tausendgut (Móri ezerjó).

Lammfleisch am Spieß

4 Wurststäbchen anspitzen. Aus der Lammkeule Stücke zu 30 bis 40 g schneiden. Den Räucherspeck und die Pilzköpfe genauso zerkleinern. Die Fleischstücke pfeffern, mit Majoran einreiben, ganz dünn mit Senf bestreichen und in Öl tauchen. Zwiebeln kleinschneiden. Die Zutaten nacheinander aufspießen, und zwar zuerst den Speck, dann ein Stück Zwiebel, ein Scheibchen Fleisch und eine Pilzscheibe. Auf beide Enden des Stäbchens müssen Speckstücke gespießt werden, die das Ganze während des Bratens zusammenhalten. Zunächst in reichlich Fett Kartoffeln braten und warm halten. Das aufgespießte Fleisch salzen, pfeffern, mit etwas Majoran bestreuen und leicht in Mehl gewendet in heißem Fett knusprig braten. Danach zugedeckt bei milder Hitze noch einige Minuten auf dem Herd halten, damit es gut durchbrät.
Heiß auftragen. Neben dem gebratenen Fleisch die Kartoffeln anrichten, mit ein wenig Fett übergießen.
Separat kalten gemischten Salat reichen.

Dieses Gericht schmeckt zu Ostern, aus jungem Lammfleisch zubereitet besonders gut.
Dazu passendes Getränk: Balatonfüreder Riesling (Balatonfüredi rizling).

Nyárson sült bárányhús

600 g Lammkeule (Kernfleisch),
200 g Räucherspeck, 200 g Pilze,
200 g Zwiebeln, Öl, Fett, Salz, Pfeffer,
Majoran, Senf, Mehl

Báránycomb spárgával

1000 g Lammkeule, 800 g Brechspargel, 80 g Fett, 100 g Butter, Salz, Pfeffer, Majoran, Petersilie, Schnittlauch, Apfelsinenschale, Thymian

Lammkeule mit Spargel

Die Knochen (mit Ausnahme des Keulenknochens) aus der Lammkeule entfernen, gut waschen, mit einem Lappen trocknen. An der entbeinten Stelle etwas würzen, einrollen und mit einem dünnen Bindfaden wie Schinken zusammenbinden. (Der Bindfaden wird nach dem Braten entfernt.) Salzen, pfeffern, mit Majoran und einer Prise Thymian würzen, mit heißem Fett übergießen und in der Backröhre bei mäßiger Hitze knusprig braten. Hin und wieder mit dem eigenen Fett beträufeln. Ist das Fleisch halb fertig, etwas Apfelsinenschale darüberreiben und gar braten. Den mitteldicken Spargel schälen und in leicht gesalzenem, gezuckertem Wasser weich kochen. In das Kochwasser eine Prise Apfelsinenschale legen. Das Braten des Fleisches und das Kochen des Spargels sollte möglichst gleichzeitig beendet werden. Beides nimmt ungefähr 25 bis 30 Minuten in Anspruch. Inzwischen 50 g Butter, ein wenig feingehackte Petersilie und Schnittlauch, leicht gesalzen und gepfeffert, gut durchrühren, eine Rolle formen und zum Hartwerden in den Kühlschrank legen. Die restliche Butter zerlassen. Ist das Fleisch fertig, wird es aufgeschnitten auf eine vorgewärmte Platte gelegt. Auf jede Scheibe Fleisch kommt ein Scheibchen Gewürzbutter, die mit einem in kochendes Wasser getauchten Messer geschnitten wird.
Den Spargel abtropfen lassen und separat reichen. Er wird mit der zerlassenen Butter übergossen. Gekühlter, mit Zitronensaft zubereiteter Kopfsalat schmeckt hierzu ausgezeichnet.

Dazu passendes Getränk: Tokajer Furmint (Tokaji furmint).

Háromszéki füstölt oldalas

800 g geräucherte Rippe, 100 g Zwiebeln, 800 g Sauerkraut (ein Kohlkopf), 100 g Fett, 20 g Mehl, 4 Portionen Erbsenpüree, Salz, Meerrettich

Geräucherte Rippe à la Háromszék

Das geräucherte Rippenstück kochen und in etwas Kochflüssigkeit bis zum Auftragen warm halten. Die übrige Flüssigkeit in das Erbsenpüree schütten. Die Zwiebeln in dünne Streifen schneiden, salzen, mit etwas Mehl bestäuben und in heißem Fett knusprig rösten. Den gesäuerten Kohlkopf in tortenartige Stücke schneiden. Das in Scheiben geschnittene Rippenstück auf eine Platte legen, mit etwas Kochbrühe beträufeln. Mit frisch geriebenem Meerrettich auf Salatblättern garnieren. Das Erbsenpüree in eine Gemüseschüssel geben, mit gerösteten Zwiebeln bedecken und mit etwas Bratensaft beträufeln. In einer separaten Glasschüssel wird das gut gekühlte Sauerkraut gereicht.

Ein echtes szeklerisches Gericht. Die Zwiebeln werden wie bei Rostbraten geröstet. Falls kein im ganzen gesäuerter Kohlkopf vorhanden ist, kann auch zu jeder Portion Sauerkraut gereicht werden.
Dazu passendes Getränk: Tokajer Furmint (Tokaji furmint).

Székelygulyás

600 g Schweinefleisch, 50 g Fett,
10 g Rosenpaprika, 600 g Sauerkraut,
100 g Zwiebeln, 0,3 l saure Sahne,
2 Paprikaschoten, Salz, 1 Knoblauch-
zehe, Kümmel, Mehl, 1 Tomate

Gulasch à la Székely

Am besten eignet sich Schulterstück oder Hachse, nicht zu festes Rippenstück oder Bauchfleisch. Das Kernfleisch in Stückchen von 50 g schneiden, die feingehackten Zwiebeln im Fett rösten, mit Rosenpaprika bestreuen, schnell rühren und mit 0,1 l Wasser auffüllen. Ist das Wasser verdampft, das Fleisch zugeben, salzen und zugedeckt bei milder Hitze dämpfen. Inzwischen 1 Knoblauchzehe und etwas Kümmel zerschneiden und zusammen mit einer zerkleinerten Paprikaschote beigeben. Ist das Fleisch halb gar, den Sauerkohl mitdünsten. Inzwischen 0,2 l saure Sahne, 2 Teelöffel Mehl und 0,1 l kaltes Wasser verquirlen. Wenn Fleisch und Kohl weich sind, diese damit binden und noch 5 bis 10 Minuten weiterkochen.
Sofort heiß auftragen. Mit der restlichen sauren Sahne beträufeln. Als Garnierung dienen einige Scheiben Paprikaschoten und Tomaten. Nach Belieben kann kurz vor dem Servieren noch etwas feingewiegter, frischer Dill darübergestreut werden.

Dieses Gericht wird im Ausland irrtümlicherweise „Szegediner Gulasch“ genannt. Manche Leute glauben auch, daß es aus dem Szeklerland stammt. Tatsächlich war es aber die Lieblingsspeise eines Rechtsanwalts namens Székely, dem man das Gericht Ende des vorigen Jahrhunderts in einem kleinen Restaurant in Budapest so zubereitete.
Dazu passendes Getränk: Mórer Tausendgut (Móri ezerjó).

Aprópecsenye, frissen pirítva

480 g Jungfernbraten vom Schwein,
80 g Fett, Salz, Pfeffer, Edelsüß-
Paprika, Majoran, 1 Zwiebel

Frisch geröstete Fleischstücke

Das Fleisch in Streifen schneiden, so wie Leber zum Rösten vorbereitet wird. In einer Pfanne eine kleingeschnittene Zwiebel andünsten, das Fleisch hineingeben, umrühren und bei starker Hitze unter ständigem Rühren rösten. Die Röstzeit beträgt ca. 3 bis 4 Minuten. Während des Röstens nach Belieben pfeffern, mit einer Prise Majoran, reichlich Paprika (eventuell einer Prise feingehacktem Knoblauch) würzen, gut durchrühren. Heiß auftragen. Das Fleisch wird meistens mit Bratkartoffeln oder gedünstetem Reis garniert, die vorher zubereitet wurden. Verschiedene Salate eignen sich sehr gut als Beigabe, so z. B. Kopf-, Gurken-, Tomaten-, Paprikasalat und saure oder Essiggurken.

Das schnellgeröstete Schweinefleisch kann auch kombiniert werden, z. B. mit in Streifen geschnittenen Pilzen, in Ringe geschnittenen Paprikaschoten und aufgeschnittener Dauerwurst. Diese werden separat in wenig Fett geröstet. Wenn sie fertig sind, mit dem Braten vermischen, würzen und noch 1 bis 2 Minuten zusammen zugedeckt rösten. Das letztere bereits bei mittlerer Hitze, damit eine mög-

lichst vollkommene Geschmacksverschmelzung zustande kommt. Die Beilagen und Salate bleiben dieselben.
Dazu passendes Getränk: Sankt-Georgs-Berger Riesling (Szentgyörgyhegyi riz-ling).

Schweinemedaillons mit Frühlingsgemüse

Das Gemüse, das aus vorgekochten Mohrrüben, Spargelköpfen und grünen Erbsen besteht, in einer Pfanne in 50 g Butter zugedeckt bei milder Hitze dünsten. Zwischendurch salzen, etwas pfeffern und mit einem halben Bund feinegehackter Petersilie würzen. Die Medaillons in Mehl wenden und in etwas heißem Fett braten. Beim Auftragen das Gemüse neben die Fleischstücke häufen. Außerdem können neue Petersilien- oder Bratkartoffeln, eventuell gedünsteter Reis gereicht werden. Kopf- oder Tomatensalat erhöhen den Genuß.

Dazu passendes Getränk: Badacsonyer Blaustengler (Badacsonyi kéknyelű).

Sertésérmécskék tavaszi körítéssel

480 g Jungfernbraten vom Schwein, 80 g Fett, 500 g gemischtes Gemüse (tiefgekühlt oder Konserven), Salz, Pfeffer, Petersilie, Butter, Zucker

Siebenbürger geschichtetes Kraut

Das Sauerkraut halbgar kochen, ebenso den Reis. Inzwischen den in Würfel geschnittenen Speck braten, die feingeschnittenen Zwiebeln hinzugeben, dünsten, mit Rosenpaprika bestreuen, schnell umrühren. Das gehackte Fleisch und die in Scheiben geschnittene Wurst beigeben. Salzen, pfeffern, mit dem feingeschnittenen Knoblauch würzen und bei milder Hitze 10 bis 15 Minuten dünsten, ab und zu umrühren. In einen Topf ein Drittel des Krauts legen, darüber die Hälfte vom Reis und vom gedünsteten Fleisch schichten, mit der Hälfte der zerkleinerten Paprikaschoten und Tomaten bedecken und darüber das zweite Drittel des Krauts schichten. Mit saurer Sahne begießen. Reis, Fleisch, Paprikaschoten und Tomaten darauf schichten und mit dem letzten Drittel Kraut abschließen. Das Ganze nochmals mit saurer Sahne begießen, mit Rosenpaprika bestreuen und bei mäßiger Hitze 30 bis 40 Minuten in der Backröhre dünsten. Die verschiedenen Aromen sollen gut durchziehen, die saure Sahne eine goldgelbe Farbe annehmen. Heiß auftragen. Nochmals mit saurer Sahne beträufeln.

Die Heimat dieses Gerichtes ist Siebenbürgen, aber auch in Ungarn ist es sehr beliebt. In Debrecen wird es mit Debreziner Würstchen zubereitet und zu jeder Portion eine Scheibe gebratene Schweinerippe gereicht.
Dazu passendes Getränk: Erlauer Stierblut (Egri bikavér).

Erdélyi rakott káposzta

250 gehacktes Schweinefleisch, 500 g Sauerkraut, 100 g Speck, 150 g Räucherwurst, 100 g Reis, 100 g Zwiebeln, 1 Knoblauchzehe, 10 g Rosenpaprika, 2 Paprikaschoten, 2 Tomaten, 0,2 l saure Sahne, Salz, Pfeffer

Kolozsvári töltött káposzta

*300 g Hackfleisch vom Schwein,
300 g Räucherwurst, 400 g Schweinekotelett, 200 g Räucherspeck,
100 g Schweinefett, 1000 g Sauerkraut mit 8 Kohlblättern zum Füllen,
100 g Zwiebeln, 1 Ei, 60 g Reis,
0,3 l saure Sahne, Salz, Pfeffer, Majoran, Rosenpaprika, Mehl, 1 Knoblauchzehe, Knochenbrühe*

Klausenburger gefülltes Kraut

Den Reis halbgar kochen und abkühlen. Die Krautblätter beiseite legen, das Hackfleisch in eine Schüssel geben. In heißem Fett kleingeschnittene Zwiebeln rösten, eine feingehackte Knoblauchzehe einrühren und das Ganze über das Hackfleisch schütten. Salzen, pfeffern, nach Geschmack etwas Majoran beifügen, mit 5 g Rosenpaprika bestreuen, den Reis beigeben und das Ei daraufschlagen. Gründlich vermengen, die Masse in 8 gleiche Portionen teilen, fest in die Krautblätter einwickeln. Die Hälfte des Sauerkrauts auf den Boden eines Topfes legen und darauf ringsherum die gefüllten Krautblätter. Daneben kommt die gewaschene Räucherwurst. Mit der anderen Hälfte des Sauerkrauts wird alles bedeckt. Knochenbrühe zugießen, so daß sie das Kraut eben bedeckt. Im geschlossenen Topf 1½ bis 2 Stunden bei mäßiger Hitze kochen.
Inzwischen aus 30 g Fett und 30 g Mehl eine nicht zu helle Schwitze bereiten, eine feingehackte Zwiebel und eine Messerspitze zerdrückten Knoblauch hineingeben, mit dem daraufgestreuten Paprika rasch verrühren und vom Herd nehmen. Die gargekochten Krautrollen herausnehmen und mit der Räucherwurst zusammen auf eine separate Platte legen. Die Schwitze im Sauerkraut verrühren, 0,2 l saure Sahne zusetzen. Wenn nötig, würzen und gründlich aufkochen. Auf die eine Seite die Krautrollen, auf die andere die Räucherwurst legen und zugedeckt bei schwacher Hitze weitere 10 bis 15 Minuten kochen. Inzwischen den Räucherspeck auf beiden Seiten hahnenkammartig einschneiden und in der Pfanne braten, herausnehmen und bis zum Anrichten warm halten. Aus dem Schweinefleisch vier gleich große Schweinerippen schneiden. Kurz klopfen, salzen und pfeffern, in Mehl wenden und in erhitztem Fett bei starker Hitze auf beiden Seiten knusprig braten.
Das gefüllte Kraut wird auf folgende Weise angerichtet:
Auf den Boden der feuerfesten Schüssel das Sauerkraut legen, darauf nebeneinander die gefüllten Krautblätter, die gekochte Wurst, die Schweinerippen und die Hahnenkämme aus Räucherspeck (vorher in Paprika wenden) legen. Die Schüssel auf der Herdplatte zugedeckt warm halten, die gefüllten Krautrollen und das Sauerkraut mit saurer Sahne beträufeln.
Heiß servieren.

Eine original Siebenbürger Speise, die in den verschiedenen Landesteilen unterschiedlich zubereitet wird. In Debrecen z. B. ißt man sie mit den dort erzeugten Würstchen und in der Tiefebene beim Schlachtfest mit frischer Bratwurst. In Ober- und Westungarn pflegt man Räucherfleisch mitzukochen.
Ein gehaltvolles, sättigendes Gericht zum Mittagstisch, wenn ihm eine Brühe oder eine leichte Vorspeise vorangeht und ein kleines Dessert folgt.
Dazu passendes Getränk: Badacsonyer Blaustengler (Badacsonyi kéknyelű).

Rakott kelkáposzta

300 g gehacktes Schweinefleisch, 100 g Reis, 60 g Räucherspeck, 1000 g Wirsingkohl, 0,1 l saure Sahne, Salz, Kümmel, Pfeffer, 1 Zwiebel, 1 Knoblauchzehe, Rosenpaprika, Majoran

Geschichteter Wirsingkohl

Den Strunk des Wirsingkohls entfernen, den Kohl gut gewaschen in Salzwasser weich kochen, das Kochwasser mit etwas Kümmel würzen. Den Reis separat halbgar kochen. Den in kleine Würfel geschnittenen Räucherspeck in einer Pfanne braten, eine kleingeschnittene Zwiebel und eine feingehackte Knoblauchzehe hineingeben, mit etwas Rosenpaprika bestreuen, gut umrühren und das Fleisch hineinlegen. Salzen, pfeffern, mit einer Prise Majoran würzen und unter mehrmaligem Rühren bei milder Hitze halbgar dünsten. Hin und wieder etwas Kochwasser nachgießen, damit das Fleisch nicht anbrennt. Den Kohl abgießen, abtropfen lassen und die Blätter auseinandernehmen. Einen Topf ausfetten, mit Kohlblättern auslegen und Reis hineingeben, darauf das Fleisch schichten; dann wieder Kohl und Fleisch, solange die Zutaten reichen. Obenauf müssen Kohlblätter liegen.

Mit etwas Kochwasser beträufeln, damit das Gericht während des Dünstens nicht eintrocknet, die saure Sahne gleichmäßig darübergießen, mit etwas Paprika bestreuen und in der Backröhre bei mäßiger Hitze hellgelb dünsten.

Sofort heiß auftragen. Nochmals nach Belieben mit saurer Sahne beträufeln.

Im Sommer können auch 1 bis 2 in Scheiben geschnittene Paprikaschoten und Tomaten zwischen die einzelnen Schichten gelegt werden.
Dazu passendes Getränk: Balatonfüreder Riesling (Balatonfüredi rizling).

Tormás hús

800 g Schweinefleisch, 200 g Suppengrün, 100 g Zwiebeln, 1 Knoblauchzehe, Salz, Pfefferkörner, Meerrettich

Fleisch mit Meerrettich

Am besten eignen sich die schwartigen Teile der Hachse, auch Schweinsohr und ein Stück Schwanz sowie 1 bis 2 Klauen mit Schwarte können mitgekocht werden. Die abgesengten, sorgfältig gesäuberten Fleischstücke in so viel Wasser, daß sie bedeckt sind, zum Kochen aufsetzen. Kocht das Wasser, das Suppengrün und die Zwiebeln hineingeben, mit Knoblauch und Pfefferkörnern würzen und 1 Stange geschälten Meerrettich hinzufügen. Zugedeckt bei mäßiger Hitze weich kochen. Aus der Brühe nehmen, in eine vorgewärmte tiefe Schüssel schütten, mit 1 bis 2 Löffel durchgeseihter Brühe übergießen.

Kurz vor dem Auftragen mit frischgeriebenem scharfem Meerrettich bestreuen.

Ein beliebtes, altes ungarisches Gericht. Meerrettich wurde von den Vorfahren der Ungarn als Gewürz zu den mannigfaltigsten Speisen verwendet. So wurde er z. B. auch in Hühnerbrühe gekocht. Das Gericht kann auch aus Ferkelfleisch oder Jungschweinefleisch zubereitet werden. Man nimmt schwartige, aber nicht zu fette Fleischstücke. Als Beilage werden Petersilienkartoffeln gereicht.
Dazu passendes Getränk: Mórer Tausendgut (Móri ezerjó).

Gefüllte Paprikaschoten

Zuerst wird die Tomatensoße gekocht. Eine helle Schwitze bereiten, das Tomatenmark hineingeben. Kurz dünsten und glattrühren, mit Knochenbrühe auffüllen, etwas salzen und zuckern und nach Beifügen einer kleinen Zwiebel und der Sellerieblätter zum Sieden bringen. Bei mittlerer Hitze kochen, von Zeit zu Zeit umrühren. Inzwischen den Reis halbgar kochen und abkühlen. Die Paprikaschoten reinigen, Körner und Scheidewände entfernen und gründlich waschen. Das Hackfleisch in einer Schüssel mit der in Fett gedünsteten, feingewiegten Zwiebel und Petersilie vermengen. Mit Salz, Pfeffer und nach Geschmack auch mit einer Messerspitze Majoran würzen. Mit Reis und Ei gründlich vermengen. Mit dieser Masse die Paprikaschoten füllen, in eine Kasserolle stellen und die inzwischen fertige Tomatensoße darübergießen. Nach dem Aufkochen zugedeckt bei gleichmäßiger, mittelstarker Hitze gar kochen. Die Kochzeit beträgt ca. 25 bis 30 Minuten. Die gefüllten Paprikaschoten mit der daraufgegossenen Soße heiß anrichten. Nach Wunsch Salzkartoffeln dazu reichen.

Zu diesem ausgezeichneten, echt ungarischen Gericht sind die fleischigen Paprikaschoten am geeignetsten. Die Füllmasse kann nach Wunsch auch mit etwas Knoblauch gewürzt werden. Auch als Vorspeise geeignet, wobei man pro Person nur 1 gefüllte Paprikaschote berechnet.
Dazu passendes Getränk: Balatonfüreder Riesling (Balatonfüredi rizling).

Töltött paprika

400 g Hackfleisch vom Schwein,
60 g Reis, 20 g Schweinefett,
20 g Zwiebeln, 8 Paprikaschoten,
1 Ei, Pfeffer, 1 Bund Petersilie;
Für die Tomatensoße: 200 g Tomatenmark, 40 g Schweinefett, 40 g Mehl,
50 g Zucker, 0,5 l Knochenbrühe,
Salz, 1 Zwiebel, Sellerieblätter

Gefüllte Paprikaschoten mit Pilzsoße

8 Paprikaschoten wie üblich mit gehacktem Fleisch und Reis füllen und in einen Schmortopf legen. Den Räucherspeck in kleine Würfel schneiden und halb gebraten über die Paprikaschoten schütten. Diese mit Alufolie und dem Deckel zudecken und in der Backröhre bei mäßiger Hitze dünsten. Bevor das Gericht gar ist, den Deckel und die Folie herunternehmen und ein- bis zweimal mit dem eigenen Saft beträufeln, um ein Anbrennen zu verhindern, und gar dünsten. Inzwischen die in Streifen geschnittenen Pilze in Fett mit den kleingeschnittenen Zwiebeln und Petersilie dünsten und mit der sauren Sahne und etwas Mehl eine Pilzsoße herstellen. Über die gefüllten Paprikaschoten gießen und noch 2 bis 3 Minuten zusammen dünsten. Nach Belieben nachwürzen.
Heiß auftragen und mit ein wenig Petersilie bestreuen.

Dazu passendes Getränk: Badacsonyer Blaustengler (Badacsonyi kéknyelű).

Töltött paprika tejfeles gombamártással

Zutaten zu den gefüllten Paprikaschoten s. oben
Für die Pilzsoße:
200 g Pilze, 50 g Räucherspeck,
50 g Fett, 0,1 l saure Sahne, Zwiebel,
Salz, Pfeffer, Mehl, Petersilie

Rizses hús bogyiszlói módra

600 g Schweinefleisch (Schulterblatt),
100 g Zwiebeln, 600 g Räucherspeck,
200 g Reis, 20 g Rosenpaprika,
50 g Fett, Salz, Pfeffer, Majoran,
4 Paprikaschoten

Reisfleisch à la Bogyiszló

Die feingeschnittenen Zwiebeln in heißem Fett dünsten, mit dem Rosenpaprika bestreuen, umrühren und mit 0,1 l Wasser auffüllen. Das in Würfel geschnittene Fleisch (Schulterblatt) hineingeben. Salzen, pfeffern und mit einer Messerspitze Majoran würzen. Zugedeckt bei milder Hitze fast gar dämpfen. (Dämpfzeit ungefähr 15 bis 20 Minuten.) Den Räucherspeck in nicht zu kleine Würfel schneiden, glasig braten, die Grieben herausnehmen und beiseite stellen. Im Fett die in Würfel geschnittenen Paprikaschoten dünsten, salzen und dem Fleisch zufügen. Den gewaschenen Reis hineingeben, kurz zusammen dünsten, mit 0,4 l heißem Wasser auffüllen, kochen, nachsalzen und zugedeckt ungefähr 20 Minuten in der Backröhre bei mäßiger Hitze dämpfen.
Sofort heiß auftragen, vorher noch die Grieben beigeben. Eiskalten Tomatensalat mit viel Zwiebeln dazu reichen.

Dazu passendes Getränk: Balatonfüreder Riesling (Balatonfüredi rizling).

Pirított borjúmáj magyarosan

500 g Kalbsleber, 100 g Zwiebeln,
80 g Fett, 20 g Salz, 10 g Edelsüß-
Paprika, Pfeffer, Majoran

Gedünstete Kalbsleber auf ungarische Art

Die Kalbsleber in gleiche Streifen schneiden. In einer Pfanne bei starker Hitze die kleingeschnittenen Zwiebeln dünsten, die Leber hineingeben. Salzen, pfeffern, mit Majoran und Paprika würzen und unter ständigem Rühren rösten.

Als Beilage werden Quetschkartoffeln gereicht. Das Gericht kann man auch mit Pilzen zubereiten. Dementsprechend wird die Menge der Leber reduziert. Pilze und Leber röstet man zusammen. Auch Schweine- oder Geflügelleber eignen sich gut.
Dazu passendes Getränk: Balatonfüreder Riesling (Balatonfüredi rizling).

Tűzdelt borjúmáj-szeletek

500 g Kalbsleber, 100 g Räucher-
speck, 10 g Edelsüß-Paprika, Salz,
Mehl, Fett zum Braten

Gespickte Kalbsleberschnittchen

Die Leber in 8 Scheiben schneiden und mit dem in Streifen geschnittenen Räucherspeck spicken. Ungefähr 100 bis 120 g Mehl mit Paprika vermischen. Die Leberscheiben im paprizierten Mehl wenden und in heißem Fett bei starker Hitze auf beiden Seiten knusprig braten.
Sofort heiß auftragen. Kurz vor dem Servieren braten, da die Leber, wenn sie auch nur einige Minuten steht, hart wird und an Geschmack verliert. Mit Kartoffelbrei oder Bratkartoffeln und einem Saisonsalat servieren.

Dazu passendes Getränk: Mórer Tausendgut (Móri ezerjó).

Mustos pecsenye

600 g Rindfleisch (Oberschale),
100 g Räucherspeck, 200 g Suppengrün,
0,2 l Rotwein, 0,5 l Most, 1 Eßlöffel
Tomatenmark, Salz, Pfefferkörner,
Lorbeerblätter, Mehl, 1 Zwiebel,
2 Knoblauchzehen, Zucker, Thymian,
Heidelbeermarmelade

Rinderbraten mit Traubenmost

Den Räucherspeck in kleine Würfel schneiden und ausbraten. Das Fleisch salzen und im Fett des Specks auf beiden Seiten vorbraten, dann in einen Schmortopf legen. In den Bratensatz die in Scheiben geschnittene Zwiebel, das Suppengrün, 2 feingehackte Knoblauchzehen, einige Pfefferkörner, 2 Lorbeerblätter geben, mit 2 Eßlöffel Mehl bestäuben und dünsten. Mit Most und Rotwein auffüllen, glattrühren. Das Tomatenmark, 2 Eßlöffel Heidelbeermarmelade, etwas Thymian, 1 Teelöffel Zucker hineinmischen und über das Fleisch gießen. Aufkochen und bei mäßiger Hitze dämpfen.

Ist das Fleisch gar, in Scheiben schneiden und mit der durchgeseihten Soße heiß auftragen.

Das Gericht wird während der Weinlese, wenn es Most gibt, zubereitet. Man kann auch das angebratene Fleisch in einem Schmortopf mit etwas Zwiebeln, Knoblauch und den Gewürzkräutern dünsten, wobei hin und wieder Most zugesetzt wird. Die Soße ist dann weniger sämig, jedoch feiner und gehaltvoller. Diese Speise wird in Weingegenden gekocht, in erster Linie in Hegyalja, der Heimat des Tokajers.
Dazu passendes Getränk: zum Teil Most, zum Teil Wein, vor allem Tokajer Furmint.

Fisch-, Geflügel- und Wildgerichte

Szegediner Fischsuppe

Die Fische reinigen, ausnehmen, vom Karpfen und Hecht das Rückgrat lösen. Die Filets in Scheiben von 60 bis 70 g schneiden. Vom Sterlet und Schill Kopf und Schwanz entfernen, das Fischfleisch in Stücke zu 60 bis 70 g zerlegen, salzen und kalt stellen. Fischköpfe, -schwänze und die Gräten zusammen mit den gereinigten kleinen Weißfischen in etwa 2 l Salzwasser mit den gehackten Zwiebeln zum Kochen aufsetzen. Zirka 1,5 Stunden bei gleichmäßiger mittlerer Hitze kochen, bis die Brühe auf ungefähr 1,5 l einkocht. In einen anderen Topf durchseihen, Paprika, kleingeschnittene Paprikaschoten und frische Tomaten zufügen und aufwallen lassen. Die Fische hineinlegen, die Brühe wieder zum Sieden bringen. Zugedeckt bei mäßiger Hitze 8 bis 10 Minuten kochen, bis die Fische gar sind. Milch und Rogen werden mitgekocht. Die Fische in eine Suppenschüssel legen und die siedend heiße Brühe daraufgießen.
Sofort anrichten. Die Fischsuppe soll eine lebhaft rote, appetitanregende Farbe haben. Da sie nicht fett sein darf, ist sie vor dem Servieren zu entfetten. Sie darf auch nicht zu scharf sein. Für Liebhaber scharfer Speisen kann separat in etwas Fischbrühe zerkleinerter Peperoni gekocht werden. Diese Brühe wird dann in die andere geseiht, damit sie den gewünschten Schärfegrad erreicht.

Ein weitverbreitetes, beliebtes, echt ungarisches Fischgericht. Es wird auf verschiedene Art gekocht. Aus frischen Fischen ist die Suppe am besten, doch kann man auch tiefgekühlte Fische verwenden. Es müssen aber immer mehrere Arten sein! Im Notfall kann die Fischsuppe nur aus Karpfen bereitet werden, sie ist dann jedoch nicht so wohlschmeckend.
Dazu passendes Getränk: Debrőer Lindenblättriger (Debrői hárslevelű).

Szegedi halászlé

400 g Karpfen, 400 g Hecht, 400 g Sterlet, 400 g Schill, 400 g Weißfisch, 200 g Zwiebeln, 20 g Edelsüß-Paprika, 2 Paprikaschoten, 2 Tomaten, Salz

Halpaprikás kapros savanyúkáposztával

800 g Hecht (Kernfleisch),
600 g Sauerkraut, 100 g Paprikaschoten,
60 g Fett, 20 g Mehl, 1 Bund Dill,
15 g Edelsüß-Paprika, 0,1 l saure
Sahne, 50 g Zwiebeln

Fischpaprikasch mit Sauerkraut und Dill

Den Fisch in Scheiben schneiden, mit Paprika bestreuen und beiseite stellen. Das Sauerkraut waschen und in wenig Wasser zum Kochen aufsetzen. Das Fett erhitzen, die kleingeschnittenen Zwiebeln darin dünsten, mit Paprika bestreuen und dem kochenden Sauerkraut zufügen. Die Paprikaschoten zerkleinern und gleichfalls hineingeben. Nach einer Kochzeit von 40 bis 45 Minuten den Fisch zufügen und zusammen gar kochen. Den Fisch herausnehmen und mit Mehl verquirlte saure Sahne in das Kraut gießen. Mit feingewiegtem Dill bestreuen, abschmecken und das Kraut nochmals mit den Fischscheiben aufkochen. Den Fisch auf dem Sauerkraut anrichten.

Das beliebte Gericht der Theißfischer. Der Theiß-Hecht ist nicht fett, deshalb eignet er sich am besten. Dill kann auch weggelassen werden. Im Notfall kann man eine andere Fischsorte verwenden.
Dazu passendes Getränk: Badacsonyer Blaustengler (Badacsonyi kéknyelű).

Pörkölt pontyszeletek

800 g Karpfen (Kernfleisch),
500 g Karpfenköpfe und -schwänze,
100 g Zwiebeln, 50 g Fett, Salz,
Rosenpaprika, 1 Paprikaschote,
1 frische Tomate

Karpfenfilet-Pörkölt

Die Karpfenköpfe und -schwänze gut waschen und in 0,5 l leicht gesalzenem Wasser zum Kochen aufsetzen. Die gehackten Zwiebeln in Fett dünsten, mit Rosenpaprika bestreuen, schnell verrühren und mit der durchgeseihten Fischbrühe aufgießen. Salzen, 1 zerkleinerte Paprikaschote und 1 Tomate beigeben und zugedeckt 5 Minuten kochen. Die gewaschenen Karpfenstücke zugeben, aufkochen und zugedeckt bei milder Hitze gar kochen.
Petersilienkartoffeln oder Spätzle dazu reichen. Auch Kopfsalat ist eine gute Beigabe.

Dazu passendes Getränk: Mórer Tausendgut (Móri ezerjó).

Lecsós ponty

800 g Karpfen (Kernfleisch),
600 g Paprikaschoten, 300 g frische
Tomaten, 50 g Räucherspeck,
80 g Zwiebeln, Salz, Rosenpaprika

Karpfen mit Letscho

Den in kleine Stücke geschnittenen Räucherspeck glasig braten, die gehackten Zwiebeln zugeben, mit Rosenpaprika bestreuen und zuerst die zerkleinerten Paprikaschoten und danach die zerkleinerten Tomaten zuschütten und ein Letscho (s. S. 40) bereiten. In einem geschlossenen Topf 4 bis 5 Minuten dünsten und die gewaschenen Fischstücke hineinlegen, dann aufkochen lassen und bei milder Hitze gar kochen.

Dazu passendes Getränk: Badacsonyer Blaustengler (Badacsonyi kéknyelű).

Tejfeles pontyszeletek

800 g Karpfenfilet, 80 g Räucher-speck, 0,2 l saure Sahne, Salz, Pfeffer, Petersilie, Paprika

Karpfenfilet mit saurer Sahne

Die Fischfilets salzen und in einer feuerfesten Schüssel nebeneinander anordnen. Pfeffern und mit gewiegter Petersilie bestreuen. Den Räucherspeck in kleine Würfel schneiden, ausbraten und die Fischstücke mit dem Fett beträufeln. Die saure Sahne darübergießen und in der Backröhre bei mittlerer Hitze 10 bis 12 Minuten backen.
Vor dem Auftragen mit ein wenig Paprika bestreuen. Petersilienkartoffeln und Kopfsalat oder Tomatensalat dazu reichen. Statt des Räucherspecks kann man auch Butter verwenden.

Dazu passendes Getränk: Tokajer Samorodner (Tokaji szamorodni).

Gombás pontyszeletek

800 g Karpfenfilet, 200 g Pilze, 50 g Butter, Salz, Pfeffer, Petersilie, Edelsüß-Paprika

Karpfenfilet mit Pilzen

Die Filets salzen, pfeffern, mit Paprika bestreuen und in eine feuerfeste Schüssel nebeneinander legen. Die zerschnittenen Pilze in einer Pfanne bei starker Hitze dünsten, salzen, pfeffern, mit Paprika und feingewiegter Petersilie bestreuen und auf dem Fisch gleichmäßig verteilen. In der Backröhre 10 bis 12 Minuten bakken.
Heiß auftragen.
Zum Karpfenfilet reicht man Petersilienkartoffeln mit Butter.

Dazu passendes Getränk: Badacsonyer Blaustengler (Badacsonyi kéknyelű).

Ponty tejfeles tormamártásban

ca. 1250 g Karpfen, 150 g Meerrettich, 50 g Fett, 40 g Mehl, 20 g Zucker, 0,2 l saure Sahne, 0,05 l Essig, 50 g Butter, Salz

Karpfen in Meerrettichsahnesoße

Die Gräten und den Fischkopf gut waschen und in so viel Wasser, daß sie bedeckt sind, zum Kochen aufsetzen. Leicht salzen und so lange kochen, bis die Flüssigkeit auf ungefähr 1 l einkocht. Inzwischen den Meerrettich schälen, reiben, mit siedendem Wasser übergießen, damit er nicht zu scharf ist, und durch ein Sieb seihen. Eine helle Schwitze bereiten, diese mit der durchgeseihten Fischbrühe auffüllen und glattrühren. Salzen, mit etwas Zucker und Essig abschmecken, den Meerrettich und die saure Sahne beimischen und aufkochen. Die Fischstücke waschen, salzen, in einen Schmortopf legen. Die Soße über die Fischstücke seihen, die Butter in Flöckchen darauf verteilen und gar dünsten. Petersilienkartoffeln mit Butter dazu reichen.

In früheren Zeiten wurden in Ungarn eine Anzahl Gerichte in „Meerrettichbrühe" gekocht. Die Herstellung dieses Fischgerichts ist wohl auf diese Sitte zurückzufüh-

ren. Die Soße wird jedoch dem heutigen verfeinerten Geschmack entsprechend als *Meerrettichsahnesoße* zubereitet.

Dazu passendes Getränk: Badacsonyer Blaustengler (Badacsonyi kéknyelű).

Zanderfilet à la Bakony

Den gereinigten Zander zerlegen und das Fleisch in Filetscheiben schneiden, die in einen mit Butter ausgestrichenen Schmortopf gelegt werden. Aus Fischschwanz und Gräten und etwas in Scheiben geschnittener Zwiebel 0,3 l Fischbrühe kochen. In der Butter 30 bis 40 g feingehackte Zwiebeln dünsten, die zerschnittenen Pilze hineinlegen und diese zusammen mit einem Bündchen feingewiegter Petersilie dünsten. Mit Paprika bestreuen, schnell durchrühren und mit etwas Fischbrühe auffüllen. Die in Würfel geschnittenen Paprikaschoten beigeben, leicht salzen und 5 bis 10 Minuten dünsten. Die saure Sahne und das Mehl verquirlen, unter ständigem Rühren der Pilzsoße beigeben und mit der Fischbrühe auffüllen. Nachsalzen und so lange kochen, bis die Soße sämig ist, und sie auf den Fisch gießen. Bei milder Hitze zusammen 5 bis 10 Minuten weiter dünsten.

Sofort heiß auftragen. Den Fisch mit der Soße begießen und Spätzle oder Petersilienkartoffeln reichen. Die Soße kann auch mit süßer Sahne zubereitet werden. In diesem Fall ist 0,1 l Sahne zu verwenden. Das Gericht wird mit Paprikaringen garniert.

Dazu passendes Getränk: Badacsonyer Blaustengler (Badacsonyi kéknyelű).

Fogasszelet bakonyi módra

1250 g Zander, 300 g Pilze, 2 Paprikaschoten, 60 g Butter, 30 g Mehl, 0,2 l saure Sahne, 10 g Edelsüß-Paprika, Salz, 30–40 g Zwiebel, Petersilie

Gebackener Plattenseeschill

Die Fische säubern, ausnehmen, die Kiemen entfernen, die Flossen mit der Schere abschneiden und waschen. Mit einem sauberen Lappen trocknen, salzen und in mit Paprika vermischtem Mehl wenden. In einer Pfanne in heißem Fett beide Seiten knusprig braten, das Fett abgießen und zugedeckt in einer (vorgewärmten) heißen Backröhre fertig backen.

Sofort heiß auftragen. Petersilienkartoffeln, Zitronenscheiben und Remouladensoße dazu reichen.

Der Fisch kann auch am Rost braten, er wird dann nur mit Paprika bestreut (nicht in Mehl gewendet!) und auf dem Rost mit ausgelassenem Fett bestrichen.
Dazu passendes Getränk: Badacsonyer Blaustengler (Badacsonyi kéknyelű).

Balatoni süllő kemencében sütve

Pro Person 1 Schill zu 250–300 g, 200 g Fett, 150 g Mehl, 10 g Edelsüß-Paprika, 20 g Salz

99

Paprikás csirke

2 junge Hühner von ungefähr 700 g,
100 g Schweinefett, 80 g Zwiebeln,
10 g Edelsüß-Paprika, 2 Paprika-
schoten, 2 Tomaten, 0,2 l saure oder
0,1 l süße Sahne, 20 g Mehl, Salz

Paprikahuhn

Die Hühner zerlegen. Inzwischen in einer Kasserolle das Fett erhitzen, die fein-gehackten Zwiebeln darin kurz dünsten, Paprika darüberstreuen, rasch durch-rühren, mit einem Eßlöffel Wasser auffüllen und die Flüssigkeit wieder ein-schmoren lassen. Das Hühnerfleisch hineinlegen, salzen und unter öfterem Rüh-ren 5 Minuten dünsten, dann zugedeckt bei mäßiger Hitze schmoren. Die ver-dampfte Flüssigkeit durch etwas nachgegossenes Wasser ersetzen, denn das Huhn darf nur im eigenen Fett dünsten. Ist es halb weich, die zerkleinerten Paprikaschoten und frischen Tomaten beifügen und gar kochen. (Im Winter als Ersatz 1 bis 2 Löffel Konservenletscho verwenden.) Inzwischen die Sahne mit Mehl und 0,1 l kaltem Wasser glattrühren, dem Bratensatz des garen Huhns beigeben, abermals glattrühren und alles zusammen noch weitere 5 Minuten schmoren. Die Soße muß rosafarben und sämig wie süße Sahne sein.
Heiß servieren. Das mit Soße übergossene Hühnerfleisch mit einigen Paprika- und Tomatenscheiben garnieren. Man kann zuletzt auch ein bis zwei Löffel Sahne über das Ganze gießen. Mit Spätzle und Kopfsalat reichen.

Dazu passendes Getränk: Badacsonyer Grauer Mönch (Badacsonyi szürkebarát).

Szegedi csirkegulyás

2 Hühnchen zu je 600–700 g,
500 g Kartoffeln, 50 g Fett,
100 g Zwiebeln, 120 g Suppengrün,
100 g Mehl, 1 Knoblauchzehe, 1 Ei,
3 Paprikaschoten, 2 frische Tomaten,
15 g Edelsüß-Paprika, Salz, Kümmel,
Petersilie

Szegediner Hühnergulasch

Die kleingeschnittenen Zwiebeln im Fett dünsten, mit Paprika bestreuen, schnell durchrühren und mit etwas Wasser auffüllen. Knoblauch und Kümmel feinhacken, beigeben und das Wasser einschmoren lassen. Das in Stücke ge-schnittene Hühnerfleisch (mit Hals und Leber) salzen und im geschlossenen Topf bei gleichmäßiger Hitze fast gar dünsten. Hin und wieder etwas Wasser nachgießen. Ist das Fleisch fast gar, die Flüssigkeit einschmoren lassen. In den Bratensatz die in kleine Würfel geschnittenen Kartoffeln, die zerkleinerten Pa-prikaschoten und Tomaten sowie das zuvor gekochte, in Würfel geschnittene Suppengrün legen. So viel Flüssigkeit zusetzen, daß pro Portion ungefähr 0,2 l Flüssigkeit bleibt. Gar kochen, abschmecken und in einer Suppenschüssel auf-tragen. Aus Mehl und Ei geknetete, separat gekochte Fleckerl (s. S. 128) in die Suppe geben und mit feingewiegter Petersilie bestreuen. Das Gericht kann im Sommer mit Tomatenscheiben und Paprikaringen garniert werden.

Ein beliebtes Gericht der Tiefebene, das wie der Szegediner Gulasch zubereitet wird. Anstelle des Rindfleisches wird hierbei nur Huhn verwendet.
Dazu passendes Getränk: Balatonfüreder Riesling (Balatonfüredi rizling).

Rántott csirke

2 Hühnchen (ca. 600 g), 500 g Fett,
150 g Mehl, 200 g Semmelmehl,
2 Eier, Salz

Backhendl

Nur ganz junge Hühnchen nehmen. Diese in Brust, Keule, Rücken und Flügel zerlegen. Hals und Leber werden auch verwendet. Gründlich waschen, mit einem sauberen Lappen abtrocknen. Salzen, zunächst in Mehl wälzen, dann in das aufgeschlagene Ei und in Semmelmehl tauchen und panieren. In reichlich heißem Fett goldgelb braten. Auch an den Knochen muß das Fleisch weich sein. Deshalb soll man es schnell knusprig werden lassen und dann zugedeckt bei mäßiger Hitze gar dünsten.

Als Beilage passen am besten Petersilienkartoffeln aus neuen Kartoffeln und Kopfsalat oder zarter Gurkensalat. Ein Festgericht, das besonders zu Beginn des Sommers als Spezialität der ungarischen Küche gilt.
Dazu passendes Getränk: Debrőer Lindenblättriger (Debrői hárslevelű).

Gödöllői töltött csirke

2 Hühnchen zum Füllen zu je
700–750 g, 120 g Hühnerleber,
120 g Pilze, 100 g Räucherspeck,
100 g Fett, 2 Semmeln, 2 Eier, Salz,
Pfeffer, Majoran, Petersilie,
20–30 g Zwiebel, Mehl, Tomatenmark

Gefülltes Hühnchen à la Gödöllő

Die Hühner zum Füllen vorbereiten. Die Semmeln einweichen und gut ausdrükken. Die Hühnerleber und die Pilze kleinschneiden. Anstelle der Hühnerleber kann man auch eine kleine Gänseleber oder Entenleber nehmen, dann wird die Füllung noch schmackhafter. 20 bis 30 g feingeschnittene Zwiebeln in etwas Fett (1 Löffel) glasig dünsten. Die Leber und die Pilze hineingeben und bei starker Hitze dünsten. Zwischendurch salzen, pfeffern, mit einer Prise Majoran und der feingehackten Petersilie würzen. Vom Herd nehmen und etwas abkühlen lassen. Die Eier zu den Semmeln geben, mit Salz, Pfeffer und feingewiegter Petersilie würzen. Dann die geröstete Leber und die Pilze hineingeben.
Mit dieser Mischung die Hühnchen füllen, deren Bauchhöhlung vorher gepfeffert und mit etwas Majoran eingerieben wurde. Die Hühnerbrust mit in Streifen geschnittenem Räucherspeck bedecken und in einer Bratpfanne in die Röhre schieben. Das Fleisch mit heißem Fett übergießen und bei mäßiger Hitze ungefähr 30 bis 35 Minuten braten. Die Bratzeit hängt vom Hitzegrad und von der Qualität des Fleisches ab. Die Hühner danach in einen Schmortopf legen und zugedeckt bis zum Auftragen warm halten. (Wenn sie 10 bis 15 Minuten stehen, wird die Füllung steif und die Hühner lassen sich leichter tranchieren.) Aus dem Fett, in dem etwas Tomatenmark und Mehl geröstet und mit Wasser aufgefüllt wird, eine Bratensoße zubereiten, die durchgeseiht wird.
Die tranchierten Hühnchen auf einer Platte mit der heißen Bratensoße beträufeln. Als Beilage werden Bratkartoffeln und gedünstete Erbsen mit Karotten gereicht oder Kopfsalat.

Dazu passendes Getränk: Balatonfüreder Riesling (Balatonfüredi rizling).

Geröstetes Hühnchen auf ungarische Art

Das Fett in einer Pfanne erhitzen, das in Stücke geschnittene Hühnerfleisch salzen, in papriziertem Mehl wenden und bei starker Hitze rösten. Das Fett in eine andere Pfanne gießen und das Fleisch zugedeckt beiseite stellen. Im Fett den in kleine Würfel geschnittenen Räucherspeck braten, die feingeschnittenen Zwiebeln beigeben und ebenfalls rösten. Mit Paprika bestreuen, mit etwas Wasser auffüllen und die Flüssigkeit einschmoren lassen. Die zerkleinerten Paprikaschoten und Tomaten beigeben, salzen und alles auf das Hühnerfleisch gießen. Bei starker Hitze zugedeckt einige Minuten kochen, bis das Fleisch gar ist. Abschmecken.
Sofort heiß auftragen. Als Beilage geröstete Kartoffeln und einen Saisonsalat reichen.

Man soll ganz junge Hühner nehmen. Nach Belieben können Hals und Leber mitgeröstet werden. 2 bis 3 in Scheiben geschnittene Pilze verfeinern den Geschmack. Dazu passendes Getränk: Debrőer Lindenblättriger (Debrői hárslevelű).

Pirított csirke magyarosan

2 Hühnchen zu je 600 g, 50 g Räucherspeck, 60 g Fett, 50 g Zwiebeln, 10 g Edelsüß-Paprika, 2 Paprikaschoten, 2 frische Tomaten, Salz, Mehl

Hühnchen mit Mandeln

Die gesalzenen Hühnchen mit heißem Fett übergießen und in der vorgewärmten Backröhre auf beiden Seiten knusprig braten, hin und wieder mit Fett beträufeln. Die Leber mitbraten. Inzwischen die Tomaten zerkleinern und die Pilze in kleine Würfel schneiden. Sind die Hühner gar, werden sie aus der Röhre genommen und tranchiert. Aus dem Bratensatz mit etwas Mehl eine Bratensoße zubereiten. Die Butter in einem Schmortopf erhitzen, zunächst die Pilze hineingeben und bei starker Hitze einige Sekunden dünsten. Die Tomaten beifügen, dünsten, salzen, etwas pfeffern und mit einer Prise Ingwer würzen. Die Bratensoße zusetzen, die Fleischstücke hineinlegen und zusammen 8 bis 10 Minuten bei milder Hitze zugedeckt dünsten, bis das Fleisch gar ist.
Die gebrühten und geschälten Mandeln in dünne Streifen schneiden. Die Fleischstücke auf einer Platte ansprechend anordnen. Die süße Sahne in die Soße rühren, nochmals 2 bis 3 Sekunden aufwallen lassen und über das Fleisch gießen. Das Gericht mit den Mandeln bestreuen. Als Beilage kann Kartoffelbrei oder gedünsteter Reis gereicht werden.

Dazu passendes Getränk: Badacsonyer Grauer Mönch (Badacsonyi szürkebarát).

Mandulás csirke

2 Hühnchen, 100 g Pilze, 10 g Mandeln, 80 g Fett, 50 g Butter, 2–3 Tomaten, 0,1 l süße Sahne, Salz, Ingwer, Pfeffer, Mehl

Mandulás töltött csirke

2 Hühnchen zum Füllen, 100 g Mandeln, 2 Semmeln, 2 Eier, 50 g Butter, 80 g Fett, Salz, Pfeffer, Ingwer, Mehl, Tomatenmark

Hühnchen mit Mandelfüllung

Mit den Fingern die Brusthaut der ausgenommenen und gut gewaschenen Hühner lockern und eine Öffnung für die Mandelfüllung bilden. Die Haut darf jedoch nicht einreißen. Die Semmeln einweichen und ausdrücken. Butter und Eier schaumig schlagen. Die Mandeln in siedendem Wasser abbrühen, abpellen und kleinschneiden. Semmeln und Mandeln zu der Butter und den Eiern geben. Salzen, pfeffern, mit einer Prise Ingwer würzen, gut durchrühren, die Masse durch einen Spritzbeutel zwischen Haut und Brustfleisch drücken und die Hühner hellbraun braten.

Dem Bratensatz 1 Eßlöffel Tomatenmark und eine Messerspitze Mehl zusetzen, rösten, mit 0,1 l Wasser auffüllen und eine Bratensoße bereiten.

Als Beilage Bratkartoffeln oder Kartoffelbrei mit Kopfsalat reichen.

Dazu passendes Getränk: Tokajer Furmint (Tokaji furmint).

Velős töltött csirke

2 Hühnchen zum Füllen, 150 g Kalbshirn, 50 g Räucherspeck, 100 g Fett, 50 g Pilze, 2 Semmeln, 3 Eier, 0,2 l Badacsonyer Wein, Salz, Pfeffer, Majoran, Petersilie, Mehl, Zwiebel

Hühnchen mit Hirn

Das Hirn enthäuten, gut waschen, für 1 bis 2 Sekunden in siedendes Wasser legen, abtropfen lassen und in eine Glas- oder Porzellanschüssel legen. So viel Wein darübergießen, daß es bedeckt ist. 2 bis 3 Stunden kalt stellen.

Inzwischen die beiden gesäuberten Hühnchen waschen und zum Füllen vorbereiten, den Räucherspeck und die Pilze in kleine Würfel schneiden. Das Hirn aus dem Wein nehmen, abtropfen lassen und in kleine Stücke schneiden. Im gleichen Wein die Semmeln einweichen und gut ausdrücken.

Den restlichen Wein nicht ausgießen, denn damit werden während des Bratens die Hühnchen beträufelt, wenn der Bratensaft einschmort. Den ausgedrückten Semmeln 2 Eier und 1 Eigelb beigeben. Den Räucherspeck und eine Messerspitze Zwiebel glasig dünsten. Die Pilze reichlich mit feingeschnittener Petersilie bestreut zugeben und bei starker Hitze unter ständigem Rühren dünsten. Salzen, pfeffern und mit einer Prise Majoran würzen. Das zerschnittene Hirn beigeben, gut verrühren, sofort vom Herd nehmen und in die Füllung geben. Salzen, pfeffern, gut verrühren und mit der Mischung die Hühnchen füllen. Diese auf die übliche Weise braten, nur mit dem Unterschied, daß sie während des Bratens nicht mit Wasser, sondern mit Wein begossen werden. Die tranchierten Hühnchen mit dem Bratensaft beträufeln.

Als Beilage werden Bratkartoffeln oder Reis mit Petersilie gereicht. Gut schmeckt hierzu mit Zitrone zubereiteter Selleriesalat, in den rohe Apfelscheiben gemischt wurden.

Dazu passendes Getränk: Debrőer Lindenblättriger (Debrői hárslevelű).

Csirkenyak- és -máj pörkölt gombával

300 g Hühnerleber, 300 g Hühnerhälse, 300 g Pilze, 50 g Räucherspeck, 50 g Fett, 100 g Zwiebeln, 10 g Rosenpaprika, 2 Paprikaschoten, 1 Tomate, Salz, 1 Knoblauchzehe, Pfeffer

Pörkölt aus Hühnerhälsen und Hühnerleber mit Pilzen

Die Hühnerhälse zerkleinern und abbrühen. Den in kleine Würfel geschnittenen Räucherspeck ausbraten, die kleingeschnittenen Zwiebeln darin dünsten, mit Rosenpaprika bestreuen, die Hälse hineinlegen. Zugedeckt fast gar dünsten, hin und wieder etwas Wasser nachgießen, um ein Anbrennen zu vermeiden. Salzen, ein wenig pfeffern und den zerstoßenen Knoblauch dazugeben. Bevor das Fleisch weich ist, die zerschnittene Hühnerleber und die Pilze in einer Pfanne bei starker Hitze in heißem Fett dünsten. Mit Paprika bestreuen, salzen, die zerkleinerten Paprikaschoten und die Tomate beigeben. Mit den Hälsen vermischen, abschmecken und zusammen gar dünsten.
Sofort heiß auftragen.

Dieses Gericht wird mit Eiergraupenbeilage oder Eierspätzle gereicht. Enten- oder Gänsehälse können auch verwendet werden. In diesem Fall nimmt man aber nur Hühnerleber, da Enten- oder Gänseleber zu fett ist.
Dazu passendes Getränk: Balatonfüreder Riesling (Balatonfüredi rizling).

Pulykacomb fogadósné módra

2 Putenkeulen zu ca. 1000 g, 60 g durchwachsener Räucherspeck, 100 g magerer Schinken, 50 g Fett, 100 g Pilze, 40 g Maronen, 150 g Mohrrüben, Salz, Pfeffer, Mehl, Petersilie, Tomatenmark

Putenkeule auf Wirtinnenart

Putenkeulen in Fett braten.
Im Bratensatz 1 Teelöffel Tomatenmark kurz dünsten, mit einer Messerspitze Mehl bestreuen, durchrühren und einige Augenblicke weiterdünsten, mit 0,1 l heißem Wasser auffüllen, glattrühren, nochmals aufwallen lassen und auf das Fleisch seihen. Falls notwendig, nachwürzen und zugedeckt warm halten. Während die Putenkeulen braten, die Schale der Maronen einschneiden. Die Maronen einige Minuten in die Backröhre stellen, bis sich die Schale öffnet, dann abschälen und in 0,1 l Wasser zugedeckt weich kochen. Bis die Maronen weich sind, soll das Wasser verdampft sein. Die gereinigten Mohrrüben in gleichmäßige kleine Stifte schneiden, in leicht gesalzenem Wasser weich kochen und das Wasser abgießen. Den Räucherspeck, den Schinken und die Pilze in kleine Würfel schneiden. Den Räucherspeck in einer Pfanne bei starker Hitze ausbraten, die Pilze hineinschütten, salzen, pfeffern, mit feingewiegter Petersilie bestreuen und 2 bis 3 Minuten zusammen rösten. Den Schinken, die gekochten Mohrrüben und die Maronen dazugeben. Unter Rühren 1 bis 2 Minuten dünsten, aber bei milder Hitze, und darauf achten, daß sie nicht zerfallen. Abschmecken, 2 bis 3 Eßlöffel Bratensaft zugießen und zugedeckt warm halten. Als Beilage werden in reichlich Fett zubereitete Bratkartoffeln gereicht. Auf der Fleischplatte richtet man neben den Putenkeulen das Gemüse an, beides wird nochmals mit Bratensaft übergossen. Heiß servieren.

Den Geschmack des Ragouts verfeinern 2 bis 3 zerteilte Hühnerlebern, die zusammen mit den Pilzen und dem Speck geröstet werden.
Dazu passendes Getränk: Debrőer Lindenblättriger (Debrői hárslevelű).

Gespickte Putenbrust mit Backpflaumen

Die Backpflaumen gründlich waschen und in einem Schmortopf mit 0,1 l Wasser übergießen. Rotwein, Zucker, 1 bis 2 Nelken, etwas Zimt und die Zitronenschale beifügen, aufkochen. Zugedeckt auf dem Herd oder in der Backröhre so lange dämpfen, bis der Saft auf ungefähr 0,1 l eingekocht ist. Auskühlen lassen, durchseihen und kalt stellen.

Die Putenbrust in gleichmäßige Scheiben schneiden, flachklopfen, mit dem Räucherspeck spicken, salzen, in Mehl wenden und in heißem Fett bei starker Hitze auf beiden Seiten knusprig braten.

Sofort auf einer vorgewärmten Platte auftragen. Als Beilage Reis mit Petersilie reichen. Kurz vor dem Servieren die Fleischscheiben mit etwas heißem Fett beträufeln, und die Backpflaumen mit den zerschnittenen Mandeln bestreuen.

Statt Reis können Bratkartoffeln aufgetragen werden.

Dazu passendes Getränk: Badacsonyer Grauer Mönch (Badacsonyi szürkebarát).

Geröstete Gänseleber auf ungarische Art

Die Gänseleber in fingerdicke Streifen schneiden. Die feingehackten Zwiebeln in heißem Fett einige Sekunden dünsten, die Gänseleber hineingeben, salzen, mit Paprika bestreuen und bei starker Hitze unter ständigem Rühren 1 bis 2 Minuten rösten. Sofort auftragen.

Als Beilage kann man sehr gut Quetschkartoffeln mit Zwiebeln, Petersilienkartoffeln oder gedünsteten Reis reichen. Dazu passen Kopfsalat, frische Tomaten, Gurkensalat oder saure Gurken.

Das Gericht kann auch aus Enten- oder Putenleber zubereitet werden. Hühnerleber schmeckt geröstet ebenfalls sehr gut. Da sie jedoch kleiner ist, soll sie vor dem Rösten nur halbiert werden. Pilze passen vorzüglich zur Hühnerleber. In diesem Fall besteht das Kochgut zur Hälfte aus Leber, zur Hälfte aus Pilzen, die zusammen geröstet werden. Man gibt die gleichen Beilagen wie bei Gänseleber.
Dazu passendes Getränk: Badacsonyer Grauer Mönch (Badacsonyi szürkebarát).

Tűzdelt pulykamellszeletek vörösboros szilvával

600 g Putenbrust, 100 g Fett, 80 g Räucherspeck, Salz, Mehl
Zu den Pflaumen: 400 g Backpflaumen, 80 g Zucker, 0,2 l Rotwein, 50 g geschälte Mandeln, Zimt, Nelken, Zitronenschale

Pirított libamáj magyarosan

500 g Gänseleber (von jungen Mastgänsen), 100 g Zwiebeln, 60 g Fett, Salz, Pfeffer, Majoran, Edelsüß-Paprika

Nyúlcomb vadasan, pácolva

4 Hasenkeulen, 300 g Zwiebeln, 300 g Suppengrün, 100 g Räucherspeck, 0,5 l Weißwein, 0,2 l saure Sahne, 0,05 l Öl, 80 g Mehl, Salz, Senf, Kapern, 1 Lorbeerblatt, Thymian, Pfefferkörner, Nelken, 2 Knoblauchzehen, 1 Bund Petersilie, 2 Zitronen

Gebeizte Hasenkeule

Den Weißwein und genausoviel Wasser in einen emaillierten Schmortopf gießen. 2 Zwiebeln in Scheiben schneiden, 2 Knoblauchzehen zerstoßen, die Stengel der Petersilie, 1 Lorbeerblatt, Thymian, 7 bis 8 Pfefferkörner, 1 bis 2 zerstoßene Nelken in Öl etwas dünsten. In den Wein geben und 25 bis 30 Minuten nicht stark kochen lassen. Vom Herd nehmen, den Saft einer halben Zitrone zusetzen. Bevor die Beize auskühlt, die Hasenkeulen hineinlegen.

Die Flüssigkeit muß das Fleisch bedecken, das hin und wieder gewendet wird. Beizzeit etwa 3 bis 4 Tage.

Herausnehmen, mit einem sauberen Lappen trocknen, mit dünnen Speckstreifen spicken, salzen, pfeffern. In eine kleine Pfanne 1 Zwiebel, 1 Mohrrübe und eine in Scheiben geschnittene Sellerieknolle legen. 50 g Fett und die Hasenkeulen beigeben und in der Backröhre halbgar braten. Schmort der Saft ein, einen Löffel Beize zugießen, um ein Anbrennen zu vermeiden. Ist das Fleisch halb gar, dieses in einen Schmortopf legen. Das Suppengrün einige Minuten dünsten, mit 30 g Mehl bestäuben, mit Beize auffüllen und auf dem Herd oder in der Backröhre bei milder Hitze fast weich dünsten und dann passieren.

In die übriggebliebene Soße 0,2 l saure Sahne, 1 Teelöffel Senf, 50 g Mehl, den Saft einer Zitrone, ein Stückchen Zitronenschale, 7 bis 8 Kapern sowie das passierte Gemüse geben, aufkochen, auf die Hasenkeulen seihen und gar dünsten. Das Fleisch anschließend mit der Soße übergießen. Mit Semmelknödel oder Makkaroni als Beilage auftragen.

Ebenso werden Reh- oder Hirschkeulen und gebeizter Hasenrücken zubereitet.
Die Wildgerichte würzt man in den verschiedenen Gegenden Ungarns unterschiedlich. Die hier beschriebene Form ist allerdings die am weitesten verbreitete und die beliebteste.
Dazu passendes Getränk: Balatonfüreder Riesling (Balatonfüredi rizling).

Narancsos nyúlcomb vörösborral

4 Hasenkeulen, 100 g Räucherspeck, 0,2 l Kognak, 0,5 l Rotwein, 200 g Suppengrün, 30 g Mehl, 2 Apfelsinen, 2 kleine Zwiebeln, 1 Lorbeerblatt, 1 Knoblauchzehe, 1 Eßlöffel Tomatenmark, Salz, Thymian, Pfefferkörner, Majoran, Nelken

Hasenkeule mit Apfelsinen und Rotwein

Die Hasenkeulen in einen emaillierten Schmortopf legen und den Rotwein darübergießen. 1 kleine Zwiebel und 100 g zerschnittenes Suppengrün, 1 Lorbeerblatt, zerstoßenen Knoblauch, eine Prise Thymian und Majoran, 7 bis 8 zerstoßene Pfefferkörner, 1 Nelke, etwas Apfelsinenschale hineingeben und leicht salzen. In dieser Beize die Hasenkeulen ab und zu wenden und 24 Stunden im Kühlschrank halten. Dann herausnehmen, abtropfen lassen, salzen und mit einer Prise Majoran würzen. Den Räucherspeck in Würfel schneiden, in einem Schmortopf ausbraten. Die Hasenkeulen im Fett auf allen Seiten knusprig braten und in einen anderen Schmortopf legen. Im Fett eine kleingeschnittene

Zwiebel und 100 g zerschnittenes Suppengrün dünsten, mit Mehl bestäuben, einige Minuten weiterdünsten, gut durchrühren, mit der Beize auffüllen und schnell glattrühren. Salzen und über die vorgebratenen Hasenkeulen gießen. Ist die Soße zu sämig, mit Wasser verdünnen. Danach mit 4 bis 5 zerstoßenen Pfefferkörnern und etwas Thymian würzen; auch die Gewürze aus der Beize beigeben.

Aufkochen und zugedeckt bei mäßiger Hitze in der Backröhre oder auf der Herdplatte dünsten. Das Fleisch ab und zu wenden, etwas Wasser nachgießen, um ein Anbrennen zu vermeiden. Ist es fast gar, 1 Teelöffel Tomatenmark und die geriebene Schale einer Apfelsine dazugeben und gar dünsten. Die Keulen in eine vorgewärmte Schüssel legen. Die Soße aufkochen, den durchgeseihten Saft einer Apfelsine und den Kognak hineingießen, nachsalzen (man kann sie auch etwas zuckern – Vorsicht ist jedoch geboten), durchseihen und die Soße über die Hasenkeulen gießen.

Heiß auftragen. Separat werden Kartoffelpfannkuchen oder Kartoffelkroketten gereicht und in Glasschälchen Apfelsinenscheiben, die man in der Mitte mit 1 Teelöffel Heidelbeer- oder Johannisbeermarmelade garnieren kann.

Dazu passendes Getränk: Erlauer Stierblut (Egri bikavér).

Hasenpaprikasch

Die Knochen aus dem Fleisch entfernen, das Fleisch in größere Stücke schneiden. Am besten eignen sich Schulterblatt und auch einige Stücke Hasenleber. Das Fleisch abbrühen und gründlich waschen. Den Speck in große Würfel schneiden, braten, die Grieben herausnehmen. Im Fett die Zwiebeln dünsten, mit Rosenpaprika bestreuen, gut durchrühren, das Fleisch hineinlegen und mit 0,1 l Wasser auffüllen. Salzen, die zerkleinerten Paprikaschoten und die Tomate dazugeben und zugedeckt bei mäßiger Hitze fast weich dünsten. Hin und wieder umrühren und etwas Rotwein nachgießen. Bevor das Fleisch weich ist, die mit 1 Teelöffel Mehl verquirlte saure Sahne darangeben, die Grieben hineinschütten, abschmecken und gar kochen.

Sofort heiß auftragen – als Beilage werden Spätzle gereicht.

Eines der beliebtesten Wildgerichte. Es kann auch ohne saure Sahne als Pörkölt zubereitet werden. Sehr schmackhaft ist Reh- oder Hirschpaprikasch, das man genauso anrichtet.
Dazu passendes Getränk: Ödenburger Blaufränkischer (Soproni kékfrankos).

Nyúlpaprikás

1000 g Hasenfleisch, 100 g durchwachsener Speck, 50 g Fett, 100 g Zwiebeln, 10 g Rosenpaprika, 0,2 l saure Sahne, 0,1 l Rotwein, Paprikaschoten, 1 frische Tomate, Salz, Mehl

Frissen sült nyúlfilé csipkeízes mártással

1 Hasenrücken, 120 g Räucherspeck,
Salz, Pfeffer, Mehl, Senf, Öl,
Majoran
Für die Soße:
400 g Hagebuttenmarmelade,
0,1 l Rotwein, 1 Zitrone, 1 Apfelsine,
Senf, Kognak

Frischgebratenes Hasenfilet mit Hagebuttensoße

Aus dem Hasenrücken der Länge nach mit einem spitzen kleinen Messer das Kernfleisch herausnehmen. In Scheiben schneiden und klopfen. Beide Seiten pfeffern, mit einer Prise Majoran würzen und dünn mit Senf bestreichen. Dann das Fleisch in Öl tauchen und bis zum Braten übereinander in den Kühlschrank legen. Das Fleisch sollte bereits am Abend so vorbereitet werden, denn es muß mindestens 2 bis 3 Stunden im Kühlschrank stehen, damit die Gewürze das Hasenfleisch durchziehen und das Öl die Fasern erweicht.

Die Zubereitung der Hagebuttensoße:
Die Hagebuttenmarmelade in eine Porzellanschüssel geben. Die Schale einer Apfelsine und einer Zitrone reiben und im Rotwein so lange kochen, bis die Flüssigkeit fast einkocht. Den Saft der ausgepreßten Zitrone und Apfelsine durchseihen, die Marmelade beigeben und durch ein dünnes Tuch geschüttet auch den Rotwein zusetzen. 2 Teelöffel Senf, etwas Salz und ein wenig Kognak dazugeben, mit dem Schaumschläger glattrühren und in einer Glasschüssel in den Kühlschrank stellen.

Vor dem Braten der Hasenfilets den Räucherspeck in gleichmäßige Scheiben schneiden, hahnenkammartig einschneiden und braten. Aus dem Fett nehmen und warm halten. Die Hasenfilets salzen, in Mehl wenden und im heißen Fett des Räucherspecks bei starker Hitze auf beiden Seiten braten. (Nach Belieben können sie auf englische Art – etwas roh – gebraten werden.)
Sofort heiß auftragen. Als Beilage dienen Bratkartoffeln. Auf den Fleischscheiben die Speckscheiben anordnen und separat die eiskalte Soße reichen.

Das Gericht kann auch aus jungem Hirsch- oder Rehfilet zubereitet werden.
Dazu passendes Getränk: Erlauer Stierblut (Egri bikavér).

Vadsertés csipkeízzel

1500 g Wildschwein, 0,7 l Rotwein,
500 g Suppengrün, 100 g Zwiebeln,
3 Knoblauchzehen, Lorbeerblatt, Salz,
Thymian, Wacholderbeeren, Meerrettich, Zitrone, Hagebuttenmarmelade

Wildschwein mit Hagebuttenmarmelade

Die Schwarte und die dünne Speckschicht auf dem Fleisch lassen, ansengen, waschen und mit einem dünnen Bindfaden zusammenbinden. Den Wein in einen Schmortopf gießen, 250 g in Scheiben geschnittenes Suppengrün, 3 zerstoßene Knoblauchzehen, 1 g feingewiegte Pfefferkörner, 2 Lorbeerblätter, 1 Teelöffel Thymian, 8 bis 10 Wacholderbeeren und ein Stückchen geschälten Meerrettich hineingeben. Salzen und so viel Wasser zugießen, daß das Fleisch bedeckt ist. Im geschlossenen Topf aufkochen und bei mäßiger Hitze weich kochen. Die Kochzeit beträgt 1½ Stunden und hängt vom Alter des Wildschweins ab. Kocht die Flüssigkeit ein, mit 0,1–0,2 l Rotwein oder heißem Wasser nachfüllen.
Während das Fleisch kocht, das übrige Suppengrün in dünne Streifen schneiden

und mit etwas Fleischbrühe separat weich kochen und warm halten. Auf vier Zitronenscheiben geriebenen Meerrettich häufen, mit Petersilie und einigen Scheiben rotem Rübensalat garnieren und bis zum Auftragen in den Kühlschrank stellen. Auch die Hagebuttenmarmelade wird im Kühlschrank aufbewahrt. Ist das Fleisch gar, aus der Kochbrühe nehmen und den Bindfaden entfernen. In fingerdicke Scheiben schneiden, auf eine feuerfeste Platte legen, ein wenig Kochbrühe darüberseihen. Das Suppengrün gleichmäßig auf dem Fleisch verteilen, die gekochten Kartoffeln daneben anhäufen und zugedeckt nochmals aufkochen. Kurz vor dem Auftragen die Zitronenröschen auf das Fleisch legen und die Hagebuttenmarmelade separat dazu reichen. Wenn vom Wildschwein etwas übrigbleibt, legt man den Rest in eine Glas- oder Porzellanschüssel, siebt Kochbrühe darüber, bis das Fleisch bedeckt ist, und stellt es in den Kühlschrank, wo es sich mehrere Tage hält. Das Fleisch ist auch kalt sehr schmackhaft und wird mit gesäuertem Meerrettich zu Tisch gegeben.

Dazu passendes Getränk: Ödenburger Blaufränkischer (Soproni kékfrankos).

Gespickter Fasan

Die Bauchhöhlung der Fasane austrocknen, etwas pfeffern und mit Majoran bestreuen. Spicken und salzen, in eine Bratpfanne legen, das heiße Fett darübergießen und in der vorgewärmten Backröhre weich und rostbraun braten, hin und wieder mit Fett begießen. Aus dem Bratensatz eine Soße bereiten, das Brustfleisch in Scheiben schneiden, die Keulen zerkleinern.
Heiß auftragen. Vor dem Servieren mit Bratensoße beträufeln. Als Beilage wird Reis mit Pilzen und Apfelkompott gereicht.

Fasan kann auf verschiedene Art zubereitet werden. Mancherorts wird er während des Bratens mit etwas Rotwein übergossen. Als Beilage können auch Bratkartoffeln oder Linsengemüse gereicht und der Braten mit je einem Stück Schinken garniert werden. Der Fasanenbraten kann mit geröstetem Brot, das mit Leberpastete bestrichen wird, und gerösteten Pilzen gereicht werden. Zum Abendessen serviert man den Fasan kalt mit Salat.
Dazu passendes Getränk: Erlauer Stierblut (Egri bikavér).

Tűzdelt fácán

2 Fasane, 120 g Räucherspeck, 80 g Fett, Salz, Pfeffer, Majoran

Teigwaren und Desserts

Strudel

Das Mehl auf das Nudelbrett häufen, schwach salzen, Ei und Fett hinzugeben und mit so viel lauwarmem Wasser durchkneten, daß ein elastischer Teig entsteht. Diesen so lange kneten, bis er sich von den Fingern löst, und auf einem mit Mehl bestreuten Brett an einem lauwarmen Platz ungefähr eine halbe Stunde stehen lassen. Danach auf einem entsprechend großen Tisch ein sauberes Tischtuch ausbreiten und dieses leicht mit Mehl bestäuben. Mit den Fingern unter den Teig greifen und vorsichtig ausziehen, auf das mit Mehl bestreute Tischtuch legen und darauf achten, daß der Teig gleichmäßig an allen Seiten ausgezogen wird, aber nicht einreißt.
Der gute Strudelteig muß papierdünn sein. Rundherum die Ränder, die vom Tisch herunterhängen, abschneiden. Den Strudelteig einige Minuten trocknen lassen. Mit ausgelassener Butter beträufeln, mit der gewünschten Füllmasse füllen, und mit Hilfe des Tischtuches zu Rollen formen. Die Oberfläche des Strudels mit ausgelassener Butter bestreichen und knusprig backen.

Der Strudelteig kann mit verschiedenen Füllungen bedeckt werden.
Heute kaufen die Hausfrauen in Ungarn oft backfertige Strudelblätter.

Rétes

300 g Mehl, 1 Ei, 1 Teelöffel Fett, Salz

Apfelstrudel

Saure Äpfel schälen und das Kerngehäuse entfernen, in dünne Streifen schneiden. Den ausgezogenen Strudelteig mit etwas ausgelassener Butter bestreichen, Semmelmehl darüberstreuen und die Äpfel darauf ausbreiten. Mit Zimt, Zucker und den zerriebenen Nüssen bestreuen und zusammenrollen.

Almás rétes

1000 g Äpfel, 100 g Butter, 100 g Zucker mit Zimt, 100 g geriebene Nüsse, Semmelmehl

Cseresznyés rétes

1000 g Kirschen, 100 g Butter,
100 g geriebene Nüsse, 100 g Zucker
mit Zimt, Semmelmehl

Kirschstrudel

Einwandfreie Kirschen waschen, entsteinen und über einem Sieb abtropfen lassen. Den mit Butter beträufelten, ausgezogenen Strudelteig mit Semmelmehl bestreuen und die geriebenen Nüsse und die Kirschen darauf ausbreiten. Mit Zucker und Zimt bestreuen. Mit Hilfe des Tischtuchs den Teig zu einer Rolle formen und den gefüllten Strudel, dessen Oberfläche mit einem in ausgelassene Butter getauchten Pinsel bestrichen wird, knusprig backen. Der Strudel bekommt einen ausgezeichneten Geschmack, wenn man zur Hälfte süße und zur Hälfte saure Kirschen nimmt. Nur müssen dann 50 g Zucker mehr verwendet werden, da sonst der Strudel zu sauer wird.

Túrós rétes

500 g Quark, 0,1 l saure Sahne,
100 g Butter, 100 g Puderzucker,
2 Eier, 30 g Grieß, Zitronenschale,
Vanillezucker

Quarkstrudel

Den frischen Quark durch ein Sieb in eine tiefe Schüssel schlagen. Die saure Sahne, 50 g Puderzucker, 2 Eigelb und etwas geriebene Zitronenschale dazugeben und gut vermischen. Zum Schluß die zu Schnee geschlagenen beiden Eiweiß daruntermischen und wiederum gut verrühren.
Mit dieser Masse wird der Strudel gefüllt. Den ausgezogenen Strudelteig vorher mit ausgelassener Butter beträufeln, mit dem Grieß bestreuen und darauf die Quarkfüllung ausbreiten. Genauso backen wie die übrigen Strudelteige.
In Scheiben geschnitten heiß auftragen. Die Oberseite mit Vanillezucker bestreuen.

Krautstrudel wird mit gehobeltem und in Fett geröstetem Kraut, Nuß- und Mohnstrudel werden mit der jeweils entsprechenden Füllung zubereitet.

Rakott palacsinta

300 g Mehl, 6 Eier, 0,3 l Milch,
0,05 l Rum, 0,05 l saure Sahne,
200 g Quark, 200 g Puderzucker,
120 g Nüsse, 300 g Aprikosenkonfitüre,
150 g Schokolade, Salz, Zimt, Zitro-
nenschale, Nelken, Rosinen, Selters-
wasser, Vanillezucker

Geschichtete Palatschinken

Von dem Mehl, 3 ganzen Eiern, 0,2 l Milch und einer entsprechenden Menge Selterswasser wie üblich einen Eierkuchenteig zubereiten und backen. Die Teigmenge ergibt ca. 18 bis 20 Palatschinken. Den Quark durch ein Sieb schlagen, die saure Sahne, 50 g Puderzucker, 30 bis 40 g Rosinen und 3 Eigelb dazugeben. Gut verrühren und mit etwas geriebener Zitronenschale abschmecken. Die restliche Milch mit 40 g Puderzucker, einer Prise Zimt, Nelken und geriebener Zitronenschale aufkochen. Die geriebenen Nußkerne darin kochen, so daß eine streichfähige Füllung daraus entsteht. Eventuell mit einem Schuß Rum würzen. Vom Feuer nehmen und auskühlen lassen.
Zum Schluß 200 g Aprikosenkonfitüre mit etwas Obstsaft verrühren, bis sie streichfähig ist.

114

Nun legt man die erste Palatschinke auf ein Kuchenblech und bestreicht sie gleichmäßig dünn mit der Nußfüllung. Darauf die zweite Palatschinkenschicht und auf diese die Quarkfüllung. Wieder eine darauflegen und Schokolade darüber fein zerreiben, gleichmäßig verteilen. Darauf die nächste Palatschinkenschicht und mit Aprikosenkonfitüre bestreichen. Das wird so lange fortgesetzt, wie die Zutaten reichen.

Beim Füllen darauf achten, daß die Masse glattgestrichen wird und die Palatschinken genau aufeinanderliegen. So entsteht eine gleichmäßige, tortenähnliche Form. Obendrauf soll eine unbestrichene Palatschinke liegen. Die Seiten wie bei einer Torte runden und etwas niederdrücken, damit die geschichteten Palatschinken während des Backens nicht zusammenfallen.

Man backt sie ungefähr 10 Minuten lang bei mittlerer Hitze in der Röhre.

In der Zwischenzeit 3 Eiweiß zu Schnee schlagen (hierzu können die von der Quarkfüllung zurückgebliebenen Eiweiße verwendet werden), 100 g Puderzucker und 2 Eßlöffel Aprikosenkonfitüre untermischen.

Zur Garnierung der Palatschinken ein Drittel des Eischnees in einen Spritzbeutel füllen. Die geschichteten Palatschinken aus der Röhre nehmen, mit dem Eischnee die Oberfläche und die Seite so überziehen, wie es bei Torten mit Butterkrem und Schlagsahne üblich ist. Auf der Oberfläche mit einem Messer nach Tortenart die Scheiben andeuten und mit Eischnee garnieren. Zum Schluß die garnierten, geschichteten Palatschinken für 3 bis 4 Minuten bei mittlerer Hitze in die Backröhre zurückstellen, aber nur so lange, bis der Schnee leicht bräunt. Nach dem Herausnehmen mit einem in warmes Wasser getauchten Messer in Scheiben schneiden. Aufgeschnitten mit Vanillezucker bestreuen. Sofort heiß servieren.

Gleitpalatschinken

Die Butter mit 50 g Puderzucker und 3 Eigelb gut verquirlen. Nach und nach die kalte Milch und das Mehl hineingeben, damit ein etwas zähflüssiger Palatschinkenteig daraus entsteht. Das Eiweiß zu Schnee schlagen und mit dem Schneebesen unter den Teig rühren. In einer Eierkuchenpfanne auf die übliche Art Palatschinken von der Dicke eines kleinen Fingers auf der einen Seite knusprig backen. Wenn die erste Palatschinke fertig ist, diese so auf eine feuerfeste Platte gleiten lassen, daß die gebackene Seite nach unten kommt. Darauf die zweite Palatschinke gleiten lassen – daher kommt der Name „Gleit"-Palatschinken. Dies wird so lange fortgesetzt, wie die Teigmasse reicht und die Palatschinken ungefähr die Höhe einer Torte erreicht haben. Die letzte Palatschinke auf beiden Seiten backen und obendrauf legen. Jede Palatschinke wird nach dem Daraufgleiten mit Vanillezucker bestreut, dann folgt erst die nächste. Auch die letzte Palatschinke wird mit Vanillezucker bestreut.

Csúsztatott palacsinta

50 g Butter, 0,4 l Milch, 3 Eier, 150 g Mehl, 50 g Puderzucker, 80 g Fett, Vanillezucker

Danach stellt man die Gleitpalatschinken für ungefähr 8 bis 10 Minuten bei mittlerer Hitze in die Backröhre, damit der rohe Teil auch durchgebacken wird.

Gleitpalatschinken können auch so zubereitet werden, daß sie, bevor die nächste Palatschinke darübergleitet, jeweils mit geriebener Schokolade oder je nach Geschmack mit Konfitüre, Nüssen, geriebenen Mandeln und Vanillezucker bestreut werden.
Eine wohlschmeckende Abart dieser Speise ist, wenn man folgende Mischung zwischen die Palatschinken legt: süßen Quark mit saurer Sahne und Rosinen gut vermengen und nach Geschmack zuckern. Nicht zuviel von der Masse auf die Palatschinken streichen, da sie beim Backen an den Seiten herausläuft.

Palatschinken mit Kastanien und warmer Schokoladensoße

In das Kastanienpüree das Eigelb, den Puderzucker, die Biskuitbrösel und so viel Sahne geben, daß eine feste Füllung entsteht. Gleichmäßig auf die frischgebackenen Palatschinken streichen, diese der Länge nach zusammenrollen und nebeneinander in eine gebutterte, feuerfeste Schüssel legen. Danach wird die Schokoladensoße bereitet, die man bis zum Auftragen über Dampf warm hält. Die gefüllten Palatschinken werden für 7 bis 8 Minuten in die Backröhre gestellt. In der Zwischenzeit wird der Rum etwas gewärmt.
Vor dem Auftragen begießt man die heißen Palatschinken mit dem Rum, zündet sie an und serviert sie. Die heiße Schokoladensoße gibt man in eine vorgewärmte Soßenschüssel und reicht sie dazu.
Die Soße wird folgendermaßen zubereitet:
Die Milch und den Puderzucker aufkochen, die Schokolade darin glattrühren. In der Zwischenzeit das Eigelb mit dem Rum und 1 Teelöffel Mehl vermischen, zu der heißen Milch gießen und schnell mit dem Schneebesen umrühren. Sobald die Soße einzudicken beginnt, vom Herd nehmen.

Anstatt der Kastanienfüllung kann auch eine Nußfüllung mit Rum bereitet werden – ebenfalls mit warmer Schokoladensoße serviert.

Gesztenyés palacsinta meleg csokoládémártással

12 Palatschinken, 300 g Kastanienpüree, 0,1 l Sahne, 0,05 l Rum, 2 Eigelb, 100 g Biskuitbrösel, 50 g Puderzucker
Zutaten für die Schokoladensoße:
0,25 l Milch, 100 g Vanillezucker, 120 g Schokolade, 3 Eigelb, 0,05 l Rum, Mehl

Quarkpalatschinken

Auf die übliche Art 12 Palatschinken backen. Den Quark durch ein Sieb in eine Schüssel rühren, 2 Löffel saure Sahne, 50 g Puderzucker, 2 Eigelb, Rosinen, etwas geriebene Zitronenschale und den steifgeschlagenen Schnee von 2 Eiweiß dazugeben. Das Ganze gut verrühren und die Palatschinken damit füllen, zusammen-

Túrós palacsinta

12 Palatschinken, 300 g frischer Quark, 0,2 l saure Sahne, 4 Eier, 50 g Rosinen, 120 g Puderzucker, 50 g Butter, Zitronenschale, Vanillezucker

gerollt in eine gebutterte, feuerfeste Schüssel legen. Jetzt 2 Eier in die saure Sahne schlagen, 50 g Puderzucker untermischen und alles gut verquirlen. So auf die Eierkuchen gießen, daß sie damit überall bedeckt sind. Mit ausgelassener Butter beträufeln und ungefähr 10 bis 15 Minuten bei mittlerer Hitze in die Backröhre stellen, damit sie nach Soufflé-Art backen und die Oberseite bräunt. Aus der Röhre nehmen und mit Vanille-Puderzucker (Puderzucker mit Vanillezucker gemischt) bestreuen.
Sofort heiß auftragen.

Man kann statt Quark auch frischen, süßlichen Schafkäse nehmen.
Sehr gut schmecken sie, wenn dem Schafkäse etwas frischer gehackter Dill beigemengt wird. Palatschinken mit Schafkäse werden mehr in Gebirgsgegenden, in Siebenbürgen und Oberungarn, zubereitet oder in solchen Gegenden der Tiefebene, wo intensive Schafzucht betrieben wird.

Pozsonyi diós-mákos tekercs

Zutaten für die Mohnfüllung:
250 g Zucker, 150 g gemahlener Mohn, 80 g Semmelmehl, 50 g Rosinen, Zimt, Zitrone

Zutaten für die Nußfüllung:
200 g Zucker, 80 g Semmelmehl, 150 g geriebene Nüsse, 50 g Rosinen, 0,1 l Milch, Gewürznelke, Zimt, Zitrone, Vanillestange

Zutaten für den Teig: 500 g Mehl, 10 g Hefe, 1 Ei, 1 Eigelb, 20 g Zucker, 0,3 l saure Sahne, 200 g Fett oder 250 g Butter, Salz, Puderzucker, Vanillezucker

Preßburger Mohn- und Nußrolle

Zuerst bereitet man die Füllung und läßt sie gut abkühlen.

Mohnfüllung: Aus dem Zucker und 0,1 l Wasser einen Sirup kochen und mit etwas Zimt, Zitronensaft und geriebener Zitronenschale würzen, den Mohn, die Rosinen und das Semmelmehl hinzugeben, eine dichte Mohnfüllung daraus bereiten und abkühlen lassen.

Nußfüllung: Die Milch mit Zucker aufkochen. Mit Vanille, Zitronensaft und geriebener Zitronenschale, Zimt und Nelke würzen, dann die Nüsse, die Rosinen und das Semmelmehl hineingeben. Daraus eine feste Nußfüllung kochen und abkühlen lassen.

Nun wird der Teig geknetet. 50 g Mehl mit der zerbröckelten Hefe, einer Prise Salz und Zucker und 0,2 l lauwarmem Wasser aufgehen lassen.
Nach dem Aufgehen zum Mehl geben, das in der Zwischenzeit mit dem Fett, Salz und Zucker gut vermischt wurde. Die saure Sahne hineinrühren und gut durchkneten, damit ein mittelfester Teig entsteht. An einem kühlen Ort eine halbe Stunde ruhen lassen, dann in zwei Laibe teilen. Der Teig wird ungefähr fingerdick, rechteckförmig ausgerollt.
Auf einen Teig so viel Nußfüllung geben, daß er gut bedeckt ist. Den anderen Teig mit Mohnfüllung bestreichen. Dann ähnlich wie eine Biskuitrolle aufrollen und auf ein dünn gefettetes Kuchenblech legen. Ein ganzes Ei und ein Eigelb gut verquirlen, damit die Rollen bestreichen und eine halbe Stunde an einen kühlen Ort stellen. Danach nochmals bestreichen und wieder eine halbe Stunde

ruhen lassen. In einer vorgewärmten Backröhre bei mittlerer Hitze backen. Nach dem Herausnehmen aus der Röhre mindestens eine halbe Stunde erstarren lassen. Erst dann aufschneiden und servieren. In schräge, dünne Scheiben schneiden und mit Vanille-Puderzucker bestreuen.

Faschingskrapfen

Die Hefe mit etwas Butter, einer Prise Salz und 100 g Mehl zerbröckeln und mit 0,1 l lauwarmer Milch vermischt einen Vorteig bereiten. An einem lauwarmen Ort gehen lassen. Das übrige Mehl und die Milch inzwischen warm stellen. Nun schüttet man das Mehl, den Vorteig, die Milch, 5 Eigelb, 40 g Zucker und eine Prise Salz in eine tiefe Schüssel, verrührt das Ganze mit einem Holzlöffel zu einem mittelfesten Teig. Den Rum und die ausgelassene Butter nach und nach zugeben. Den Teig so lange rühren, bis sich dieser vom Löffel und Schüsselrand löst. An einem nicht zu warmen Ort mit einem Tuch zugedeckt gehen lassen. Danach auf einem mit Mehl bestreuten Brett ausbreiten und ungefähr zwei Finger dick ausrollen. Mit einer mehlbestäubten Pfannkuchenform ausstechen, auf ein mit Mehl bestreutes Tuch legen und nochmals gehen lassen.
In einem Topf reichlich Fett erhitzen und die Krapfen einzeln darin backen. Nicht zu viele auf einmal, denn während des Backens schwemmen sie auf und können sonst nicht von allen Seiten backen. Nicht zu viele auf einmal in das Fett zu legen ist auch deswegen ratsam, weil sie das Bratfett abkühlen, das dann vom Krapfenteig aufgesogen wird. Bevor sie in das Fett gelegt werden, in der Mitte mit dem Finger etwas eindrücken, damit sie auch innen gut durchbacken. Zugedeckt backen. Ist die untere Seite hellbraun, mit einem Schaumlöffel wenden und die andere Seite im offenen Topf fertigbacken. Aus dem Fett nehmen und auf einer Papierserviette abtropfen lassen.
Mit Vanille-Puderzucker bestreut sofort heiß servieren. In einer Soßenschüssel reicht man mit Aprikosenschnaps verdünnte und danach erwärmte Aprikosenkonfitüre dazu.

Diese Krapfen sind besonders zu Silvester und Neujahr in Ungarn sehr beliebt. Wir können sie mit den „Berlinern" (oder „Berliner Pfannkuchen") vergleichen. Ihre eigentliche Zeit aber ist der Fasching – daher ihr Name.
Falls einige Krapfen übrigbleiben, ißt man sie gerne auch zum Frühstückskaffee oder -tee am nächsten Tag.

Farsangi fánk

600 g Mehl, 0,5 l Milch, 0,03 l Rum, 0,1 l Aprikosenschnaps, 60 g Butter, 50 g Zucker, 30 g Hefe, 50 g Vanille-Puderzucker, 5 Eier, Fett zum Braten, Salz, Aprikosenkonfitüre

Forgácsfánk

200 g Mehl, 3 Eigelb, 5 g Hefe,
30 g Butter, 300 g Aprikosenkonfitüre,
70 g Vanille-Puderzucker, 0,2 l saure
Sahne, 0,03 l Rum, Salz, Fett zum
Ausbacken

Hobelspäne

In das gesiebte Mehl den Zucker, etwas Salz und die in wenig lauwarmer Milch aufgelöste Hefe, dann das Eigelb, die zerbröckelte Butter, den Rum, die saure Sahne und je nach Geschmack auch eine Prise geriebene Zitronenschale geben. Schnell durcharbeiten, kneten, daß ein mittelfester Teig entsteht, zu einem Laib formen, mit Mehl bestäuben. Mit einem sauberen Tuch zugedeckt an einem kalten Ort ungefähr eine halbe Stunde stehen lassen. Auf dem Brett dünn ausrollen und mit dem Rädchen in zwei Finger dicke Streifen radeln. Diese in der Mitte mit dem Rädchen einmal einschneiden. Die Enden der Rechtecke durch den Einschnitt ziehen. Sofort in dem inzwischen erhitzten Fett goldgelb backen. Aus dem Fett nehmen, mit Vanille-Puderzucker bestreuen.
Heiß auftragen. Man serviert sie mit Aprikosenkonfitüre.

Alföldi túrós lepény

280 g Mehl, 150 g Quark, 80 g Fett,
90 g Puderzucker, 3 Eier, 20–30 g
Butter, 50 g Vanille-Puderzucker,
0,15 l saure Sahne, 50 g Rosinen,
Grieß, geriebene Zitronenschale

Quarkkuchen aus der Tiefebene

Das Mehl wird mit dem Fett und dem Puderzucker zerbröckelt. Dann gibt man 1 Eigelb, eine Prise Salz, geriebene Zitronenschale und so viel saure Sahne hinein, wie der Teig aufnimmt. Schnell zu einem Mürbeteig verrühren. Einen Laib formen und mit einem sauberen Tuch zugedeckt ungefähr eine Stunde stehen lassen. In der Zwischenzeit wird der Quark durch ein Sieb gestrichen, 1 Eigelb, 0,05 l saure Sahne, der Vanille-Puderzucker sowie die vorher in Obstsaft eingeweichten, gut abgetropften Rosinen dazugegeben. Mit etwas geriebener Zitronenschale würzen. Den Quark mit den Zutaten gut verrühren. Das Eiweiß zu Schnee schlagen und untermischen. Den Mürbeteig dünn ausrollen und auf ein entsprechend großes Kuchenblech legen; einen ungefähr 2 cm hohen Rand lassen. Den Teig dünn mit Grieß bestreuen und gleichmäßig mit der Quarkfüllung bestreichen.
In einer anderen Schüssel 0,1 l saure Sahne, ein Ei und 50 g Puderzucker mit dem Schneebesen glattrühren und damit den Quarkkuchen so überziehen, daß er vollkommen bedeckt ist, aber nicht überfließt. Vor dem Backen noch die Oberseite mit 20 bis 30 g ausgelassener Butter beträufeln. In eine mäßig warme Röhre stellen, damit der Teig durchbackt und die Oberseite eine goldgelbe Farbe erhält. Danach in Portionen teilen und mit Vanille-Puderzucker bestreuen. Warm auftragen.

Dazu passendes Getränk: süßlicher Tokajer Dessertwein.

Piskótalepény melegen, eperrel

Zutaten für die Füllung:
400 g Erdbeeren, 150 g Zucker,
Zutaten für den Teig:
100 g Puderzucker, 120 g Mehl, 8 Eier,
50 g Butter, Vanille-Puderzucker

Biskuitkuchen – warm mit Erdbeeren

Die Erdbeeren gut waschen, reinigen und über einem Sieb abtropfen lassen. In einen Emailletopf schütten, mit dem Zucker umrühren und 1 Stunde stehen lassen. Mehrmals durchrühren. Danach aufkochen und bei schwacher Hitze unter mehrmaligem Rühren so lange kochen lassen, bis der Schaum verkocht ist. Wenn die Erdbeeren fertig sind, soll auch der Biskuitteig gebacken sein.
Den Biskuitteig stellt man so her:
Das Eigelb mit 50 g Puderzucker schaumig schlagen. Das Eiweiß steifschlagen und 50 g Puderzucker untermischen, dann erst das Eigelb und nach und nach das Mehl dazugeben. Vorsichtig umrühren, so daß zwar die Zutaten gut vermischt werden, der Biskuitteig aber nicht zusammenfällt. Zwei entsprechende Pfannen (möglichst Emaillepfannen) dünn mit Butter bestreichen und dünn mit Mehl bestäuben. Den Teig in beide Pfannen verteilen und bei mittlerer Hitze 4 bis 5 Minuten backen, bis er auch innen gar ist. Nach dem Herausnehmen die Oberseite mit etwas Mehl bestäuben und beide Biskuits mit dem Messer in der Mitte einschneiden.
Auf einen entsprechend großen, vorgewärmten Teller geben; die untere Seite soll nach oben kommen. Darauf gleichmäßig die frischgekochten Erdbeeren verteilen und die Biskuitkuchen in der eingeschnittenen Mitte so zusammenfalten, daß zwei mit Erdbeeren gefüllte, halbkreisförmige Biskuitkuchen entstehen. Noch warm mit Vanille-Puderzucker bestreuen und sofort servieren.

Nach Geschmack fügt man den Erdbeeren auch 0,06 l Rum bei, oder man begießt den fertiggebackenen Biskuitkuchen vor dem Auftragen mit der gleichen Menge angewärmten Rum, zündet ihn an und bringt den Kuchen so auf den Tisch.

Piskótalepény melegen, cseresznyével és ribizlivel

Zutaten für die Füllung:
200 g Johannisbeeren, 200 g Zucker,
250 g Kirschen, Vanille-Puderzucker,
Zimt, Nelke, Zitronenschale

Biskuitkuchen – warm mit Kirschen und Johannisbeeren

Die Johannisbeeren von den Stielen befreien, gut waschen und über einem Sieb abtropfen lassen. In einen Emailletopf schütten, mit dem Zucker vermischen und unter mehrmaligem Umrühren 1 Stunde stehen lassen. Aufsetzen und nach dem Aufkochen unter öfterem Rühren so lange bei schwacher Hitze weiterkochen lassen, bis kein Schaum mehr vorhanden ist. In der Zwischenzeit die Kirschen sorgfältig waschen und entsteinen. Sobald die Johannisbeeren gekocht sind, die Kirschen untermischen und 2 bis 3 Minuten bei mäßiger Hitze zusammen kochen lassen. Mit etwas Zimt und einer zerstoßenen Nelke sowie einer Prise geriebener Zitronenschale würzen.
Den warmen Biskuitkuchen nach dem vorhergehenden Rezept herstellen.

Das Backen zeitlich so einstellen, daß Kuchen und Obst gleichzeitig fertig werden und der warme Teig, mit dem heißen Obst gefüllt, sofort serviert werden kann. Mit Vanille-Puderzucker bestreuen.

Bei diesen Teigarten muß man nicht nur deshalb besonders auf die Zeiteinteilung achten, weil sie heiß aufgetragen am schmackhaftesten sind, sondern auch, weil sie wenige Minuten nach dem Backen zusammenfallen und dann weniger appetitlich aussehen. Genauso wird auch warmer Biskuitkuchen mit Himbeeren hergestellt. Als Zutaten nimmt man hierzu 400 g frische Himbeeren sowie 150 g Zucker. Das Kochen des Obstes und die Herstellung des Biskuitteigs erfolgt genau wie im Rezept für Biskuitkuchen – warm mit Erdbeeren (s. S. 122).

Schokoladenkuchen mit Schlagsahne

Die Schokolade mit 3 Eßlöffel Wasser verdünnen und über heißem Wasserdampf zergehen lassen.
In der Zwischenzeit mit dem Schneebesen die Butter glattrühren und das Eigelb dazugeben. Nach und nach die flüssig gewordene Schokolade, 120 g Puderzucker und die Mandeln untermischen; jedesmal glattrühren. Zum Schluß auch das steifgeschlagene Eiweiß und 2 Eßlöffel Mehl dazugeben. Die Masse vorsichtig verrühren, damit sie nicht zusammenfällt. Auf einem gebutterten und mit Mehl bestäubten Kuchenblech ausbreiten und in mäßig warmer Backröhre backen. Auskühlen lassen, mit Rum beträufeln und mit der Schlagsahne, der 100 g Puderzucker beigefügt wurden, den ganzen Teig überziehen. In Scheiben schneiden und die Kuchenstücke mit je einer Rumkirsche garnieren.

Tejszínhabos csokoládés lepény

120 g Butter, 200 g Schokolade, 220 g Puderzucker, 120 g durchgedrehte weiße Mandeln, Mehl, 5 Eier, 0,1 l Rum, 0,4 l Schlagsahne, Rumkirschen

Erdbeerkuchen – warm

Die Erdbeeren waschen, über einem Sieb abtropfen lassen; die größeren halbieren. In der Zwischenzeit die Eier in eine tiefe Schüssel schlagen, Zucker, lauwarme Milch und Vanille dazugeben und mit dem Schneebesen kräftig rühren; danach noch mit 4 Eßlöffel Mehl glattrühren. Diesen Teig auf einem gebutterten Emaille-Kuchenblech flach ausbreiten und ungefähr 7 bis 8 Minuten in mäßig warmer Röhre backen, bis der Teig halb durchgebacken ist. Gleichmäßig die Erdbeeren darauf verteilen, mit Vanillezucker und gehackten Mandeln bestreuen. So fertigbacken, daß der Teig gar ist und die Erdbeeren darauf gerade nur erwärmt wurden. Der Kuchen darf nicht zu lange in der Röhre bleiben, da sonst die Erdbeeren Saft absondern.
Nach dem Backen den Kuchen mit Vanillezucker bestreuen.
Sofort heiß servieren.

Epres lepény, melegen

400 g Erdbeeren, 3 Eier, 150 g Zucker, 20 g Butter, 50 g geschälte Mandeln, 0,5 l Milch, Vanille, Mehl, Vanillezucker

Mandulaszelet málnával

400 g Himbeeren, 120 g Butter, 120 g gehackte Mandeln, 150 g Puderzukker, 50 g Mehl, 0,2 l Schlagsahne, 3 Eier, 1 Teelöffel Rum, etwas geriebene Apfelsinen- oder Zitronenschale, Vanillezucker

Mandelschnitte mit Himbeeren

Die Butter auslassen. In einer Schüssel die Mandeln, den Puderzucker und die Eier verquirlen, den Rum dazugießen und mit geriebener Zitronen- oder Apfelsinenschale abschmecken. Über Dampf halten und mit dem Schneebesen so lange schlagen, bis die Masse leicht schaumig wird und einzudicken beginnt. Vom Herd nehmen, die ausgelassene Butter und das Mehl hineinrühren. Auf ein gebuttertes, mit Zucker bestreutes Kuchenblech streichen. Ungefähr 25 Minuten bei mittlerer Hitze backen. Mit Schlagsahne, in die Vanillezucker gemischt wurde, überziehen. Die Mandelschnitten mit ausgesucht schönen Himbeeren garnieren.

Málnakrémszelet tejszínhabbal

120 g Mehl, 150 g Butter, 400 g frische Himbeeren, 120 g Puderzucker, 0,3 l Schlagsahne, 2 Eier, 0,1 l Milch, 0,03 l Erdbeerlikör, Weißwein, Salz, Backpulver, Vanille, Nelke, Mandeln, 50 g Zucker

Himbeerkremschnitte

100 g Mehl, 50 g Butter, 20 g Puderzucker, eine Prise Salz und 1 Eigelb werden schnell zu einem Mürbeteig verknetet. Man fügt so viel Weißwein hinzu, wie der Teig aufnimmt. Zuerst gibt man eine Messerspitze Backpulver hinein, danach mischt man eine zerstoßene Nelke, mit Puderzucker verrührt, in den Teig. Diesen ungefähr 20 Minuten stehen lassen. In der Form eines Rechtecks ausrollen und so auf ein Kuchenblech mit Rand legen, daß der Teig an den Seiten einen ungefähr 1½ cm hohen Rand bildet. Backen und auskühlen lassen.
In der Zwischenzeit wird über Dampf die Krem unter ständigem Rühren so zubereitet:
In einen Emailletopf gibt man 100 g Butter, 50 g Zucker, 1 Eigelb, 0,1 l Milch, 20 g Mehl und ein Stückchen Vanille, das herausgenommen wird, wenn die Krem gekocht ist. Die Krem wird so lange mit dem Schneebesen über Dampf geschlagen, bis der Siedepunkt erreicht ist und sie einzudicken beginnt. Auskühlen lassen und in den Kühlschrank stellen. Später mit dem Schneebesen nochmals verquirlen, bis sie schaumig ist. Die durch ein Sieb gestrichenen 100 g Himbeeren und den Erdbeerlikör (oder Kirschlikör) dazugeben, gut verrühren und damit den gebackenen Teigboden belegen. Im Kühlschrank erstarren lassen.
Nun werden die restlichen Himbeeren gut gewaschen, über einem Sieb abgetropft und ebenfalls abgekühlt.
Die Schlagsahne steif schlagen, 50 g Puderzucker daruntermischen und in den Kühlschrank stellen.
Unmittelbar vor dem Servieren legt man die gut abgetropften Himbeeren gleichmäßig auf die Krem, bestreut sie mit 50 g Puderzucker und überzieht das Ganze mit der Schlagsahne. Die Oberseite wird mit einzelnen Himbeeren und einigen feingehackten Mandeln garniert. Mit einem in warmes Wasser getauchten Messer schneidet man den Kuchen in gleichmäßige Schnitten.

125

Eperhabszelet

300 g Butterblätterteig, 300 g Erdbee-ren, 50 g Puderzucker, 100 g Zucker, 50 g Mandeln, 0,03 l Rum, 3 Eiweiß, Vanillezucker

Erdbeer-Schaumschnitte

Eine Tortenform mit dünn ausgerolltem Butterblätterteig auslegen. Mit einer Gabel durchstechen und in einer heißen Backröhre backen. Abkühlen lassen. Die Erdbeeren darauflegen, mit Puderzucker bestreuen und mit einem kleinen Becher Rum beträufeln.

Aus dem Zucker einen dicken Sirup kochen. Vom Herd nehmen und mit dem Schneebesen in dünnen Strahlen unter ständigem Schlagen in den steifen Eier-schnee mischen. Diesen Schaum gleichmäßig über die Erdbeeren gießen, die Oberfläche mit grobgehackten Mandeln bestreuen. Bei Oberhitze 8 bis 10 Mi-nuten in mäßig warmer Backröhre backen, bis der Eierschnee leicht bräunlich wird und die Erdbeeren etwas warm werden.

Warm aufschneiden, mit Vanillezucker bestreuen und servieren.

Dieser Kuchen schmeckt genauso lecker, wenn er auf die gleiche Art gebacken, dann aber mit frischen Himbeeren oder Johannisbeeren gefüllt wird.

A gyúrt tészta készítése

400 g Mehl, 2 Eier, 50 g Fett, Salz

Knetteig

Das Mehl wird durchgesiebt und auf ein Nudelbrett gehäuft. In der Mitte eine Vertiefung machen, salzen, die Eier darüber aufschlagen und so viel Wasser zugießen, daß ein guter, mittelfester Teig entsteht. Gut durchkneten, damit das Mehl ganz aufgenommen wird. Den Teig teilen, zwei Laibe formen und diese einzeln nochmals glatt und rund kneten. Danach auf dem mit Mehl bestreuten Nudelbrett etwas ruhen lassen. Mit einem Nudelholz gleichmäßig ausrollen, so daß zwei große, runde Teigböden entstehen. Je nachdem, was aus dem Teig zubereitet wird, rollt man diesen dünner oder dicker aus. Für Quarkflecken muß er sehr dünn, für Nuß- oder Mohnnudeln muß er ungefähr 1 mm dick sein.

Den ausgerollten Teig läßt man 10 bis 15 Minuten trocknen, danach wird er in die gewünschte Form (Nudeln, Flecken usw.) geschnitten und in reichlich schwach gesalzenem Wasser gekocht. Nach dem Aufkochen noch einige Minu-ten weiterkochen – ab und zu umrühren, dann abgießen, mit heißem Wasser abspülen und gut abtropfen lassen.

Das Fett in der Zwischenzeit auslassen, die Nudeln darin erhitzen, leicht salzen, gut umrühren.

Sofort heiß servieren.

Doboschtorte

10 Eigelb und 200 g Zucker schaumig rühren. Den Vanillezucker, einige Tropfen Zitronensaft und 0,2 l Wasser dazugeben. Die 10 Eiweiß zu Schnee schlagen, Puderzucker und etwas geriebene Zitronenschale untermischen, dann zu der Eigelbmasse geben und gleichzeitig 200 g Mehl vorsichtig unterrühren.

Nun ein Kuchenblech mit kleinem Rand dünn einfetten, mit etwas Mehl bestäuben und mit einer runden Tortenform auf dem Kuchenblech die Größe der Torte markieren. Den bezeichneten Kreis nun 2 bis 3 mm dick mit dem Biskuitteig auslegen und in der heißen Röhre backen. Mit Hilfe eines langen Messers den Biskuitboden auf ein Holzbrett legen. Es werden so viele runde, flache, lockere Biskuitböden gebacken, wie sich aus dem Teig ergeben.

In der Zwischenzeit wird ein Zuckersirup gekocht: 150 g Zucker und so viel Wasser, daß der Zucker bedeckt ist, aufsetzen und aufkochen. Währenddessen die Butter in einer tiefen Schüssel mit dem Schneebesen glattrühren und den Kakao dazugeben, danach wieder glattrühren. Den Zuckersirup etwas abkühlen lassen und unter ständigem Rühren mit dem Schneebesen nach und nach zu der Butter geben. So entsteht eine glatte Schokoladen-Butterkrem. Unter die fertige Krem mischt man noch den Rum und etwas Vanillezucker, dann wird sie gleichmäßig auf die inzwischen ausgekühlten Biskuitböden verteilt. Die bestrichenen Böden werden so aufeinandergelegt, daß der Kuchen die Form einer Torte annimmt. Ein Tortenboden wird nicht mit Butterkrem bestrichen, sondern beiseite gelegt; er bildet die Oberseite. Der Rand der gefüllten Torte wird ebenfalls mit Krem bestrichen.

Im Kühlschrank erstarren lassen.

In der Zwischenzeit den übriggebliebenen Zucker in eine Pfanne geben, etwas Zitronensaft darauf träufeln und unter ständigem Rühren bei mäßiger Hitze hellgelb rösten (Karamel). Man muß achtgeben, daß es nicht braun wird, sonst verliert es den guten Geschmack und sieht häßlich aus. Diese Masse auf den zurückgelegten Tortenboden gießen, ein langes Messer buttern und damit den überzuckerten Tortenboden wie eine Torte aufschneiden. Ist der Tortenboden ausgekühlt, wird er auf die gefüllte Torte gesetzt. Zusammen läßt man sie erstarren. Mit einem in heißes Wasser getauchten Messer wird die Torte aufgeschnitten. Der Tortenrand wird mit Kakao oder Trüffelschokolade bestreut.

Die Doboschtorte ist eine echt ungarische Tortenkreation. Sie wurde nach C. Joseph Dobos benannt, der sie zuerst zubereitete. Er war zu seiner Zeit einer der bekanntesten ungarischen Köche und Konditormeister.
Die so hergestellte Torte ist mit Recht beliebt und hat sich im Laufe der Zeit in der ganzen Welt verbreitet.

Dobostorta

10 Eier, 550 g Zucker, 50 g Kakao, 10 g Vanillezucker, 250 g Mehl, 40 g Fett, 200 g Butter, 50 g Puderzucker, 1 Teelöffel Rum, ½ Zitrone, Zitronenschale

Sonkás kocka

*400 g Mehl, 150 g gekochter Schinken,
4 Eier, 0,2 l saure Sahne, 50 g Fett,
50 g Butter, Semmelmehl, Salz,
Pfeffer*

Schinkenfleckerl

Das Mehl mit 2 Eiern und etwas Salz zu einem Nudelteig verarbeiten, in größere Vierecke schneiden, kochen, gut abspülen, abtropfen und mit dem Fett verrühren.

Dann gibt man 2 Eigelb zu der sauren Sahne, salzt und pfeffert diese schwach, mischt den feingeschnittenen oder auch durchgedrehten Schinken hinein und verrührt das Ganze gut. 2 Eiweiß werden steif geschlagen und ebenfalls in die Schinkenmasse gegeben, dann rührt man die gekochten Fleckerln hinein.

Einen kleineren Topf oder eine feuerfeste Form ausbuttern, dünn mit Semmelmehl bestreuen und mit dem Schinkenteig auslegen. Die Oberfläche bestreut man mit Semmelmehl, beträufelt sie mit ausgelassener Butter und backt das Ganze in der Backröhre bei mittlerer Hitze knusprig.

Heiß auftragen.

In manchen Gegenden Ungarns backt man die Schinkenfleckerl aus Strudelteig. Dazu werden 2 bis 3 Strudelteigböden ausgezogen (vgl. Zubereitung von Strudelteig, s. S. 113). Eine Tortenform oder ein Topf wird so mit Strudelteig ausgelegt, daß der Teig an den Seiten hochsteht. Diesen dann mit ausgelassener Butter beträufeln und die oben beschriebene Schinkenmasse hineingeben. Die Oberseite wieder mit einem Strudelteigboden bedecken und so backen. Ist der Teig überall knusprig rot gebacken, auf einen Teller geben, in Stücke schneiden und servieren. Dazu passendes Getränk: Badacsonyer Blaustengler (Badacsonyi kéknyelű).

Töpörtyűs pogácsa – omlós

*500 g Mehl, 250 g durchgedrehte
Grieben, 100 g Fett, 2 Eigelb, 1 Ei,
30 g Hefe, Salz, Pfeffer, saure Sahne,
Milch, Zucker*

Griebenpogatschen (Mürbeteig)

Die Hefe in lauwarmer Milch (einige Löffel voll) auflösen. Einen Mokkalöffel Zucker untermischen. Das Mehl mit den Grieben und dem Fett zerbröckeln. Leicht salzen, pfeffern, die beiden Eigelb und so viel saure Sahne beigeben, daß beim Kneten ein mittelfester Teig entsteht. Die Hefe zugeben und das Ganze nochmals gut durcharbeiten. An einem kühlen Ort ungefähr eine halbe Stunde stehen lassen. Auf einem mit Mehl bestreuten Brett zwei Finger dick ausrollen. Mit einer runden Keksform ausstechen, die Oberseite mit einem Messer einschneiden und mit Ei bestreichen. In einer warmen Backröhre ungefähr 30 Minuten lang backen, um die Pogatschen nur leicht bräunen zu lassen.

Sofort heiß servieren.

Es schmeckt besonders gut, wenn man den Teig statt mit der sauren Sahne mit einem Becher guten Weißwein durchknetet. Manche Ungarn würzen den Teig auch gern mit Rum.

Túrógombóc

750 g Quark, 4 Eier, 140 g Grieß, 100 g Fett, 80 g Semmelmehl, 40 g Butter, 0,2 l saure Sahne, Salz

Quarkklöße

Den Quark durch ein Sieb streichen und in eine tiefe Schüssel geben, die Eier darüberschlagen, den Grieß hineinrühren, etwas salzen. Das Ganze gut verquirlen und ungefähr eine Stunde stehen lassen.
Inzwischen das Semmelmehl in Fett und Butter rösten. Aus dem Quarkteig Klöße formen und in siedendes Wasser geben. Wenn die Klöße an die Wasseroberfläche kommen, nimmt man sie vorsichtig mit einem Schöpflöffel heraus, läßt das Wasser abtropfen und wälzt sie einzeln im gerösteten Semmelmehl. Die Oberseite beträufelt man mit saurer Sahne und serviert die Quarkklöße heiß.

Quarkklöße schmecken auch süß ausgezeichnet. Sie werden dann nicht mit saurer Sahne beträufelt, sondern mit Vanillezucker bestreut.

Túrós csusza

400 g Mehl, 100 g Räucherspeck, 2 Eier, 200 g Quark, 0,2 l saure Sahne, 50 g Butter, Salz

Quarkflecken

Nudelteig zubereiten (s. S. 126) und dünn ausrollen. Nachdem der Teig getrocknet ist, wird er nicht geschnitten, sondern in kleinere „Flecken" gezupft, die die Größe einer halben Handfläche haben. Den Räucherspeck in kleine Würfel schneiden und ausbraten. Die Grieben warm stellen und die Butter auslassen. Den Teig kochen und gut abspülen, das Wasser abtropfen lassen, mit dem ausgelassenen Fett des Räucherspecks und der Butter verrühren; wenn nötig, etwas nachsalzen. Den Quark darüber zerbröckeln, mit etwas saurer Sahne begießen, verrühren und in eine feuerfeste Schüssel häufen. Die Oberseite reichlich mit saurer Sahne beträufeln, die Grieben darüberstreuen und 4 bis 5 Minuten in die Backröhre stellen.
Danach heiß servieren.

Quarkflecken sind eine der beliebtesten Nudelspeisen in Ungarn. Besonders nach Abendessen, die aus Fischgerichten – wie Fischsuppe – bestehen, sind sie Tradition. Dazu passendes Getränk: Badacsonyer Blaustengler (Badacsonyi kéknyelű).

Töpörtyűs pogácsa – leveles

250 g Mehl, 250 g durchgedrehte Grieben, 1 Ei, 2 Eigelb, 0,03 l Rum, Salz, Pfeffer, saure Sahne

Griebenpogatschen (Blätterteig)

Die Grieben mit 100 g Mehl zerbröckeln. In eine Schüssel das restliche Mehl, die beiden Eigelb und den Rum geben, salzen, pfeffern und 4 bis 5 Eßlöffel saure Sahne beifügen. Einen mittelfesten Teig kneten und auf einem mit Mehl bestreuten Brett ausrollen. Die Grieben in die Mitte legen und die Ränder zusammenfalten – wie beim Butter-Blätterteig zusammenrollen und nochmals ausrollen, wieder zusammenfalten und 20 Minuten im Kühlschrank stehen lassen.

Zwei Finger dick ausrollen, mit einer runden Keksform ausstechen, die Oberseite einschneiden und mit dem Ei bestreichen. Die Pogatschen in der heißen Backröhre hellbraun backen.

Sofort heiß auftragen.

Quarkpudding

Den frischen Quark durch ein Sieb in eine tiefe Schüssel streichen. Die in der Milch eingeweichte, ausgedrückte Semmel, Eigelb, Puderzucker und etwas geriebene Zitronenschale daruntermischen. Gut verrühren und vorsichtig den Eierschnee dazugeben. Nun 4 kleine Puddingformen oder einen kleinen Emailletopf mit Butter bestreichen, Zucker darüberstreuen und die Puddingsmasse darin verteilen.

In einen größeren Topf so viel kaltes Wasser geben, daß das Wasser zu einem Viertel die hineingestellten Puddingformen erreicht. Aufkochen und darauf achten, daß das sprudelnde Wasser nicht in die Formen fließt. Nach dem Aufkochen so zudecken, daß der Dampf entweichen kann. Im Wasserbad unter Dampf bei gleichmäßiger Hitze den Pudding fertigkochen. Falls das Wasser verkocht, etwas heißes Wasser nachgießen, damit eine gleichmäßige Dampfbildung erfolgt. In 25 bis 30 Minuten ist der Pudding fertig. Eine Probe kann man dadurch machen, daß man ein Stäbchen in den Pudding steckt. Ist es heiß und klebt es beim Herausziehen nicht an der Puddingmasse, so ist der Pudding fertig.

Den Pudding mit einem kleinen, spitzen Messer vom Rand der Form lösen und auf eine vorgewärmte Platte stürzen, mit Vanille-Puderzucker bestreuen und mit Himbeersaft oder Vanillesoße auftragen.

Túrópuding

150 g Quark, 1 Semmel, 3 Eier,
70 g Vanille-Puderzucker, 0,1 l Milch,
etwas Butter, Zucker, Zitronenschale

Kastanienpudding

Aus 50 g Butter und dem Mehl eine helle Schwitze bereiten. Den Vanille-Puderzucker in der heißen Milch auflösen, in die Schwitze gießen und mit dem Schneebesen schnell glattrühren. Vom Herd nehmen, das Kastanienpüree, den Rum, etwas geriebene Apfelsinenschale und das Eigelb dazugeben. Danach erst den Eierschnee, dann die Biskuitbrösel hineingeben. Puddingformen ausbuttern, mit Zucker bestreuen und die Puddingmasse darin verteilen. In einen größeren Topf kaltes Wasser gießen; ungefähr so viel, daß es die hineingesetzten Puddingformen zu einem Viertel erreicht. Während des Kochens darauf achten, daß das Wasser nicht in die Formen fließt. Nach dem Aufkochen so zudecken, daß

Gesztenyepuding

70 g Butter, 70 g Mehl, 0,1 l Milch,
250 g Kastanienpüree, 4 Eier,
50 g Vanille-Puderzucker, 0,03 l Rum,
70 g Biskuitbrösel, etwas geriebene
Apfelsinenschale, Zucker

der Dampf entweichen kann. Bei schwacher, gleichmäßiger Hitze dämpfen. Wenn das Wasser verkocht, etwas heißes Wasser nachgießen, damit eine gleichmäßige Dampfbildung erfolgt. Kochzeit ungefähr 25 bis 30 Minuten. Der Pudding ist fertig, wenn ein hineingestecktes Holzstäbchen heiß ist und beim Herausziehen nicht festklebt. Den Pudding auf eine vorgewärmte Platte stürzen und mit vorher zubereiteter Punschsoße übergießen.
Heiß servieren.
Die Punschsoße wird wie Vanillesoße zubereitet, nur rührt man unmittelbar vor dem Auftragen 0,05 l Rum unter.

Gyors almafelfújt

500 g Äpfel, 150 g Puderzucker, 120 g Mehl, 50 g Nüsse, Zucker, 20 g Butter, 2 Eier, 1 Zitrone, 1 Nelke, Backpulver, Zimt

Apfelauflauf

Die Äpfel schälen, die Kerngehäuse entfernen und das Obst in Scheiben schneiden. In eine ausgebutterte, mit Zucker bestreute, feuerfeste Schüssel häufen.
Mit etwas Puderzucker bestreuen, in den eine zerstampfte Nelke gemischt wurde. Eine Prise Zimt, die gehackten Nüsse, etwas geriebene Zitronenschale darübergeben und mit dem Zitronensaft begießen. Das Eigelb mit 100 g Puderzucker schaumig und das Eiweiß zu Schnee schlagen, verquirlen und das mit dem Backpulver vermischte Mehl der Masse beimengen. Auch diese Masse wird wieder mit etwas geriebener Zitronenschale und Zitronensaft abgeschmeckt; damit die Apfelscheiben überziehen. In einer Backröhre bei mittlerer Hitze ungefähr 35 bis 40 Minuten backen, bis Apfel und Eimasse gut durchgebacken sind.
Mit Puderzucker bestreut warm auftragen. Nach Wunsch kann der Apfelauflauf auch kalt serviert werden.

Eper csőben sütve

800 g feste Erdbeeren, 0,2 l Badacsonyer Wein, 150 g Vanille-Puderzucker, 2 Eier, 50 g Mehl, 50 g Butter, 50 g Mandeln, 0,05 l Rum, Saft einer Zitrone, etwas geriebene Zitronenschale

Erdbeeren in der Röhre gebacken

Die Erdbeeren säubern, mit 50 g Puderzucker bestreuen und den Zitronensaft darüberträufeln, mit Weißwein übergießen und über Nacht in den Kühlschrank stellen. Am anderen Tag durchseihen, die Erdbeeren gut abtropfen lassen und auf einer gebutterten, mit Zucker bestreuten, feuerfesten Platte ausbreiten.
Eine helle, nicht angeröstete Schwitze bereiten, mit der durchgesiebten Wein-Obst-Flüssigkeit auffüllen und mit dem Schneebesen glattrühren. 70 g Puderzucker und das Eigelb hineingeben, vom Herd nehmen und mit dem Schneebesen gut verrühren. Zum Schluß auch Eierschnee dazugeben. Mit dieser Masse die Erdbeeren so überziehen, daß sie überall bedeckt sind. Die Oberseite mit den gehackten Mandeln bestreuen und bei Oberhitze backen.
Die Backzeit beträgt 7 bis 8 Minuten. Danach mit Vanille-Puderzucker bestreuen, den Rand mit dem vorher erwärmten Rum begießen und anzünden.
Sofort servieren.

Mandulával töltött szilva csokoládéval

400 g Backpflaumen, 0,2 l Rotwein, 80 g Zucker, 150 g Mandeln, 150 g geriebene Schokolade, 1 Stange Zimt, 1 Nelke

Pflaumen mit Mandelfüllung und Schokolade

Große Backpflaumen gut waschen, in einen Emailletopf legen und so viel Wein darübergießen, daß er die Pflaumen bedeckt.

Den Zucker, die Nelke und ein kleines Stückchen Stangenzimt dazugeben und so lange zugedeckt bei mäßiger Hitze kochen, bis die Flüssigkeit verkocht ist.

Vom Herd nehmen, auskühlen lassen, über einem Sieb abtropfen, die Steine herauslösen und in jede Pflaume eine gereinigte Mandel legen. Wieder zusammendrücken und einzeln in geriebener Schokolade wenden.

Auf einen Glasteller legen, eine halbe Stunde in den Kühlschrank stellen und danach servieren.

Gesztenyés rumosmeggy

400 g Kastanienpüree, 200 g Rumkirschen, 100 g Mandeln, 100 g Vanille-Puderzucker, 0,03 l Rum, 3 Riegel Schokolade

Kastanien-Rumkirschen

Das Kastanienpüree mit Rum und Vanille-Puderzucker würzen und gut durchkneten. Die Rumkirschen entkernen, an die Stelle der Kerne jeweils eine Mandel legen.

Das Kastanienpüree in so viele Teile teilen, wie Kirschen vorhanden sind. Damit die Kirschen überziehen, so daß sie überall bedeckt sind. Kleine Kugeln formen, in geriebener Schokolade wenden und bis zum Auftragen in den Kühlschrank stellen.

Vor dem Servieren kann man zuunterst auf den Teller Schlagsahne geben, auf die wir die Kugeln schön anrichten, doch ist es auch ohne Schlagsahne ein feines Dessert.

Őszibarack tejszínhabbal

1000 g Pfirsichkompott, 400 g frische Erdbeeren, 0,2 l Schlagsahne, 100 g Puderzucker, 0,05 l Rum, gehackte Mandeln

Pfirsiche mit Schlagsahne

Von dem Pfirsichkompott den Saft abgießen, die Früchte gut abtropfen lassen und so in vier kleine Kompottschüsseln legen, daß die innere Seite der Früchte nach oben zeigt. Die Erdbeeren waschen, über einem Sieb abtropfen lassen, auf einen Glasteller legen und mit 50 g Puderzucker bestreuen. Rum darübergießen und vorsichtig umrühren, damit die Früchte nicht zerfallen. Mit diesen Erdbeeren die Pfirsiche füllen.

Die Sahne mit 50 g Puderzucker steifschlagen und die gefüllten Pfirsiche damit garnieren. Die Oberseite mit den gehackten Mandeln bestreuen.

Vor dem Auftragen eine Stunde in den Kühlschrank stellen. Man serviert die Früchte mit Waffeln oder Biskuit.

Pfirsiche mit Kastanienpüree

Von den Pfirsichen den Saft abgießen und die Früchte über einem Sieb gut abtropfen lassen. So auf einen Glasteller legen, daß die innere Seite der Früchte nach oben zeigt. Das Kastanienpüree mit einer Kartoffelpresse so auf die Pfirsiche drücken, als wären sie damit gefüllt. Das Kastanienpüree wird mit etwas Rum gewürzt. Die Oberseite mit der gezuckerten Schlagsahne garnieren.
Eine Stunde in den Kühlschrank stellen.
Mit Biskuit servieren.

Őszibarack gesztenyepürével

1000 g Pfirsichkompott, 300 g Kastanienpüree, 0,2 l Schlagsahne, Puderzucker, Rum

Quarkkrem mit frischen Erdbeeren

Die Milch, das ganze Ei, das Eigelb, Vanille, Puderzucker und etwas geriebene Zitronenschale unter ständigem Umrühren mit dem Schneebesen zu Krem erhitzen; allerdings nur bis zum Siedepunkt, damit eine leichte, schaumige Krem entsteht. Nicht kochen lassen, sonst gerinnen die Eier.
Vom Herd nehmen und unter ständigem Rühren mit dem Schneebesen die vorher in lauwarmem Wasser eingeweichte Gelatine dazugeben. Nach vollständigem Auskühlen den durchgesiebten Quark, Zitronensaft und Likör hineingeben und gut verquirlen. Zum Schluß vorsichtig die Sahne untermischen, die Krem in Schwenkgläser oder kleine Glasschalen füllen und im Kühlschrank erstarren lassen.
Vor dem Auftragen auf die Oberseite die gezuckerten Erdbeeren legen, mit Rum beträufeln und mit Schlagsahne garnieren.

Túrókrém friss eperrel

400 g frische Erdbeeren, 250 g Quark, 100 g Puderzucker, 1 Ei, 2 Eigelb, 0,3 l Milch, 0,3 l Schlagsahne, 0,05 l Rum, 0,05 l Likör, eine halbe Zitrone, 3 Blatt Gelatine, Vanille

Kastanienkrem

Die Schlagsahne zu Schnee schlagen und den Vanille-Puderzucker untermischen. Ungefähr ein Viertel der Menge zur späteren Garnierung zurückbehalten und in einen Spritzbeutel füllen, an den vorher eine sternförmige Spritzform gesteckt wurde.
Die übrige Schlagsahne mit der Kastanienmasse verrühren, mit Rum und geriebener Apfelsinenschale würzen, die abgeschälte Apfelsine in kleinere Würfel schneiden und ebenfalls an die Masse geben. Diese in Schwenkgläser oder kleine Glasschalen füllen und 2 bis 3 Stunden in den Kühlschrank stellen.
Unmittelbar vor dem Auftragen die Oberseite mit Schlagsahne verzieren, Schokolade darüberreiben und mit entkernten Rumkirschen belegen.
Man serviert die Kastanienkrem mit Biskuit.

Gesztenyekrém

300 g Kastanienpüree, 100 g Vanille-Puderzucker, 0,05 l Rum, 0,4 l Schlagsahne, 1 Apfelsine, 1 Riegel Schokolade, Rumkirschen

Mandulakrém eperrel

120 g geriebene Mandeln, 300 g Erd-
beeren, 4 Eigelb, 150 g Zucker, 50 g
Vanille-Puderzucker, 0,125 l Weiß-
wein, 0,2 l Schlagsahne, 0,05 l Erdbeer-
likör, Apfelsinen oder Zitronenschale,
Vanille

Mandelkrem mit Erdbeeren

In eine Emailleschüssel gibt man Mandeln, Eigelb, Zucker und Weißwein und
würzt diese Zutaten mit einer Fingerspitze geriebener Apfelsinen- oder Zitronenschale und mit Vanille. So lange unter ständigem, schnellem Quirlen über
Wasserdampf halten, bis die Masse einen leichten Schaum bildet und einzudik-
ken beginnt. Vom Herd nehmen, ab und zu umrühren, auskühlen lassen. In
kleine Glasschalen oder Schwenkgläser füllen und zum Erstarren in den Kühlschrank stellen. Danach die gewaschenen Erdbeeren darauf verteilen, mit Likör
(Vanille- oder Kirschlikör kann auch verwendet werden) beträufeln und die
Oberseite mit gezuckerter Schlagsahne garnieren.
Man reicht Biskuits dazu.

Egreskrém

300 g Stachelbeeren, 100 g Zucker,
150 g Puderzucker, 0,2 l Schlagsahne,
0,2 l Milch, 20 g Puddingpulver,
2 Eier, Zimt, Nelke, Zitronensaft

Stachelbeerkrem

Die Stachelbeeren säubern, gut waschen und mit 50 g Zucker in wenig Wasser
kochen. Mit einer Prise Zimt, einer Nelke und Zitronensaft würzen. In der Zwischenzeit die Milch und das Puddingpulver mit dem Schneebesen verquirlen,
aufkochen und auskühlen lassen. Wenn die Stachelbeeren gekocht sind, mit
dem Schneebesen zwei mit 50 g Zucker verquirlte Eigelb untermischen, vom
Herd nehmen und nach dem Auskühlen mit der Puddingmasse verrühren. Zum
Schluß 2 Eiweiß mit 50 g Puderzucker steif schlagen und ebenfalls unterrühren.
Nun den Saft einer ganzen Zitrone auspressen, hineingießen und verrühren. In
Schwenkgläser füllen und eine Stunde in den Kühlschrank stellen.
Kurz vor dem Auftragen mit gezuckerter Schlagsahne garnieren.

Das Abendessen

Schnelle Küche auch in Ungarn

Auch beim Abendessen halten die Ungarn eine in Westeuropa übliche Zeit ein: Man ißt zwischen 19 und 20 Uhr zu Abend. Naturgemäße Ausnahmen bilden Festessen oder besondere Anlässe, die durch ihre eventuelle Abhängigkeit von einem anderen Programm auch später beginnen können. Beim ungarischen Abendessen besteht ein großer Unterschied zwischen der einfachen, alltäglichen Mahlzeit und den festlichen und zu besonderen Anlässen aufgetragenen Gerichten. Das alltägliche Abendbrot setzt sich je nach Jahreszeit aus kalten oder warmen Speisen zusammen. Im Sommer z. B. werden abends auch leichte warme Speisen serviert – wie Würstchen mit Paprikareis, geschichtete Paprikaschoten mit Ei und Wurst, Spätzle mit Dill-Schafkäse, Eierspätzle mit Kopfsalat usw.

Ausgesprochen umfangreich, speziell im Vergleich zu den deutschen Gewohnheiten, ist die Auswahl an kalten Speisen. Im Sommer sind besonders beliebt: kalte Fischgerichte, kalte Braten, Hackbraten, Schweineschnitzel usw. Kombinierte Salatmischungen werden genauso wie in Deutschland immer mehr bevorzugt.

Typisch sind die Variierungen in der Zubereitung von Kopfsalat, die verschiedenen Fleischsalate, Fischsalate, kalten, gefüllten Tomaten usw., und auch die leichten Teigwaren, Früchte und Fruchtdesserts. Im Winter hat die ungarische Küche für das Abendessen auch einen recht umfangreichen Speisezettel anzubieten. Unter den warmen Speisen für das alltägliche Abendessen sind besonders solche beliebt, die verhältnismäßig schnell zubereitet werden können und recht gut verdaulich sind.

Eines der typischsten ungarischen Festessen – die *Schlachtplatte* – vergrößert durch ihre Variationsmöglichkeiten noch die Auswahl der Abendmahlzeiten im Winter. Zu der warm aufgetragenen Schlachtplatte gehören *frischgebratene Hausmacherwurst, Blut- und Leberwürste,* ebenso *knusprig geschmorter Schweinebraten;* als allgemein beliebtes Gericht wird es mit dazu passenden Salaten serviert. All das schmeckt natürlich auch kalt.

Ebenfalls typisch für das ungarische Abendessen sind die aus Käsesorten herge-stellten Speisen. Unter den nachfolgenden Rezepten findet der Leser viele da-von.

In Ungarn ißt man gerne Obst, deshalb wird das Abendessen regelmäßig mit Früchten oder irgendwelchen Obsterzeugnissen beendet. Einige dieser Rezepte sind im Kapitel über Desserts zu finden (s. S. 113).

Rezepte für das Abendessen

Würstchen mit Paprikareis

Den Reis auf die übliche Art dünsten. Die Würstchen in Ringe schneiden. Die Pilze reinigen, gründlich waschen und in größere Würfel schneiden. Den Räucherspeck kleinwürfeln und in einer Pfanne ausbraten. Die Würstchenringe und die Pilzwürfel hineingeben. Unter öfterem Rühren so lange rösten, bis die Pilze weich werden. Salzen, mit Paprika und gehackter Petersilie bestreuen. Jetzt den gedünsteten Reis untermischen, mit geriebenem Käse bestreuen und das Ganze kräftig verrühren. Essiggurken oder Gurkensalat dazu reichen.

Anstelle der Würstchen kann das Gericht auch mit Räucherwurst zubereitet werden. Es wird dann aber nicht mit geriebenem Käse bestreut.

Paprikás, rizses virsli

4 Paar Würstchen, 200 g Pilze, 200 g Reis, 200 g Räucherspeck, 60 g Fett, 50 g geriebener Käse, 10 g Edelsüß-Paprika, 20 g Salz, ½ Bund Petersilie

Geschichtete Paprikaschoten mit Ei und Wurst

Eine gehackte Zwiebel in Fett dünsten, mit Paprika bestreuen und verrühren. Das Fett mit 0,1 l Wasser aufgießen und weiterdünsten. 1 Löffel Tomatenmark und die in kleine Stückchen geschnittene Paprikaschoten untermengen. Salzen, 2 Paar Debreziner Würstchen hineinlegen und zugedeckt bei mäßiger Hitze ungefähr 20 Minuten dünsten lassen. In der Zwischenzeit werden die Eier hartgekocht und in Scheiben geschnitten. Die Debreziner herausnehmen und in Scheiben schneiden. Die Hälfte des gedünsteten Paprikas in einen Emailletopf oder in eine feuerfeste Schüssel geben. Gleichmäßig darauf die Debreziner sowie die Eierscheiben legen und mit der anderen Hälfte des gedünsteten Paprikas bedekken. Zugedeckt 10 Minuten bei mittlerer Hitze in der Backröhre dünsten. Sofort heiß auftragen. Zu dem Gericht paßt Kopfsalat sehr gut.

Rakott zöldpaprika tojással és kolbásszal

500 g grüne Paprikaschoten, 200 g Debreziner Wurst, 5 Eier, 10 g Edelsüß-Paprika, 70 g Fett, Salz, 1 Zwiebel, Tomatenmark

Hajdúsági számadó juhász burgonya

2 Paar Debreziner Würstchen (etwa 150–200 g), 100 g Räucherspeck, 1250 g Kartoffeln, 60 g Fett, 20 g Salz, 40 g Zwiebeln, 5 g Edelsüß-Paprika, etwas Pfeffer, ½ Bund Petersilie

Kartoffeln auf Heiduckenart

Den Speck in kleine Würfel schneiden und in einer Pfanne halb ausbraten. Die kleingeschnittenen Zwiebeln darin goldgelb rösten, mit Paprika bestreuen und verrühren. Etwas Wasser hineingießen, schwach salzen, die gut gewaschenen Debreziner hineinlegen und das Ganze mit etwas Pfeffer würzen. Zugedeckt ungefähr 7 bis 8 Minuten dünsten lassen, immer nur wenig Wasser dazugießen. Dann die Debreziner herausnehmen und in gleichmäßige, dünne Scheiben schneiden, zurück in den Pörköltsaft legen und so lange darin dünsten, bis das Wasser verkocht und die Wurst auf dem Fett gebräunt ist. In der Zwischenzeit die gesäuberten Kartoffeln in gleichmäßige Würfel schneiden. Sie werden bei starker Hitze in einer Pfanne in reichlich Fett knusprig gebraten. Abgießen, so daß das Fett gut von den Kartoffeln tropft, salzen, mit feingehackter Petersilie bestreuen und mit den in der anderen Pfanne gedünsteten Debreziner und dem Pörköltsaft gut vermischen.

Man serviert dazu eingesäuerte Paprikaschoten. Das Gericht muß sofort heiß aufgetragen werden.

Die Zubereitung zeitlich so einteilen, daß das Gericht unmittelbar vor dem Auftragen fertig wird. Bleibt es nur einige Minuten stehen, werden die Kartoffeln zu weich und zerfallen.

Dazu passendes Getränk: Mórer Tausendgut (Móri ezerjó).

Körítatt juhtúró

350 g frischer Schafkäse, 100 g Butter, 10 g Edelsüß-Paprika, 0,05 l helles Bier, 40 g Sardellenpaste, 1 Löffel Vitaminpaprika, Salz, Zwiebeln, Schnittlauch, Senf, Kümmel

Garnierter Schafkäse

Den Schafkäse durch ein Sieb streichen, die Butter zugeben und mit einem Schneebesen gut verrühren. Dann das Bier und den Vitaminpaprika beigeben, salzen, Paprika und etwas Kümmel, einen Teelöffel Senf und Sardellenpaste hineingeben und eine Messerspitze Zwiebeln hineinreiben.

Das Ganze gut verrühren, damit die Masse glatt ist. Eine Stunde zum Erstarren in den Kühlschrank stellen.

Vor dem Auftragen die Oberfläche mit feingewiegtem Schnittlauch bestreuen. Mit geröstetem Brot oder in Scheiben geschnittenen Semmeln sowie Paprikaschoten servieren. Gut passen auch frische Radieschen und junge Zwiebeln dazu.

Die Paprikaschoten schmecken auch ausgezeichnet, wenn sie mit gemischtem Schafkäse gefüllt werden. Zu diesem Zweck werden die rohen Paprikaschoten gereinigt und mit Schafkäse prall gefüllt. Im Kühlschrank erkalten lassen, vor dem Auftragen mit einem in heißes Wasser getauchten Messer in Scheiben schneiden und servieren.

Kapros juhtúrós galuska

400 g Mehl, 200 g frischer Schafkäse, 2 Eier, 50 g Räucherspeck, 30 g Butter, 0,2 l saure Sahne, 1 Bund Dill

Schafkäsespätzle mit Dill

Das Mehl und die Eier mit wenig Wasser zu Spätzle verarbeiten, schwach salzen, kochen und abgießen. (Das Rezept für die Zubereitung der Spätzle ist im Kapitel „Beilagen", s. S. 38, zu finden.) Nun den Räucherspeck in kleine Würfel schneiden und ausgebraten mit den abgegossenen, abgeschreckten Spätzle vermischen, leicht salzen (nach Geschmack auch schwach pfeffern).
Zu den derartig zubereiteten Spätzle die Hälfte der sauren Sahne und etwa die Hälfte des feingewiegten Dills geben, das Ganze gut verrühren und auf eine gebutterte, feuerfeste Schüssel legen. Darauf den Schafkäse zerbröckeln, mit der restlichen sauren Sahne begießen und mit gewiegtem Dill bestreuen und mit ausgelassener Butter beträufeln. 7 bis 8 Minuten in eine mäßig warme Backröhre stellen, damit die Spätzle gut durchwärmen und das Aroma aufnehmen. Sofort heiß auftragen.

Sonkás zöldbab

600 g grüne Bohnen, 120 g Schinken, 50 g geriebener Käse, 50 g Räucherspeck, 2 Eier, 0,2 l saure Sahne, Salz, Pfeffer, Petersilie, Paprika

Grüne Bohnen mit Schinken

Die gesäuberten grünen Bohnen in schwachem Salzwasser gar kochen, abgießen und über einem Sieb gut abtropfen lassen. Eine entsprechend große, feuerfeste Schüssel oder Emaillepfanne dünn mit Butter bestreichen.
Den Räucherspeck in kleine Würfel schneiden und in einer Pfanne glasig braten, mit feingehackter Petersilie bestreuen. Nach Geschmack fügt man auch etwas Zwiebel und Knoblauch bei. Den in nudelartige Streifen geschnittenen, mageren Schinken hineinlegen und gut umrühren. Zusammen 1 bis 2 Minuten dünsten lassen, dann die gekochten Bohnen dazugeben, kurz dünsten, gut verrühren und in der feuerfesten Schüssel verteilen.
Die Eier in eine Schüssel schlagen, die saure Sahne und die Hälfte des geriebenen Käses dazugeben. Salzen, mit Pfeffer und Paprika bestreuen und mit dem Schneebesen glattrühren, über die Bohnen gießen. Die Oberseite mit dem restlichen geriebenen Käse bestreuen und in einer vorgewärmten, nicht zu heißen Backröhre in ungefähr 15 Minuten knusprig backen. Sofort heiß auftragen.

Paprikás karfiol tükörtojással

800 g Blumenkohl, 70 g Fett, 4 Eier, 0,2 l saure Sahne, 1 Zwiebel, Salz, Mehl, Paprikaschoten, frische Tomaten, Edelsüß-Paprika

Blumenkohl mit Paprika und Spiegelei

Den Blumenkohl in schwachem Salzwasser nicht ganz weich kochen. In der Zwischenzeit in 50 g Fett eine kleine, feingeschnittene Zwiebel dünsten, mit 5 g Paprika bestreuen, umrühren, 1 bis 2 Löffel Blumenkohlwasser zugießen und zugedeckt dünsten. 1 bis 2 Paprikaschoten und 1 frische Tomate hineinschneiden, salzen, wieder etwas Blumenkohlwasser zugießen, den Blumenkohl hineingeben und zugedeckt bei mäßiger Hitze fast weich kochen. Die saure Sahne mit

2 Teelöffel Mehl gut verquirlen und damit den Blumenkohl binden. In 4 bis 5 Minuten weich kochen. Die separat gebratenen Spiegeleier darauflegen. Sofort heiß servieren.

Blumenkohl-Pörkölt

Im Fett eine kleingeschnittene Zwiebel rösten, mit Paprika bestreuen, schnell unterrühren und mit ungefähr 0,1 l Wasser aufgießen. Eine kleingeschnittene Paprikaschote dazugeben. So lange dünsten lassen, bis das Wasser verdunstet ist, dann erst den in Röschen zerlegten Blumenkohl hineinlegen, salzen und zugedeckt fast weich dünsten. Mehrmals etwas Wasser nachgießen und umrühren. Zwei kleine Tomaten hineinschneiden und alles zusammen weich dünsten.
Man kann dazu sehr gut Petersilienkartoffeln oder Eierspätzle reichen. Blumenkohl-Pörkölt wird vor dem Auftragen mit in Scheiben geschnittenen Paprikaschoten und Tomaten garniert.

Karfiolpörkölt

1 kg Blumenkohl, 40 g Fett, 80 g Zwiebeln, Salz, 5 g Rosenpaprika, frische Tomaten, Paprikaschoten

Hausmacherwurst

Man verwendet halbfettes Schweinefleisch. Am geeignetsten sind Schweinebauch, Rippenstück, Schulter- und kleinere Fleischstücke.
Das Fleisch wird durch einen Fleischwolf gedreht, dem man einen Siebring mit größeren Löchern vorsetzt. Der Knoblauch wird feingerieben und in wenig lauwarmes Wasser gelegt. Den Wurstdarm in reichlich Wasser einweichen und gründlich waschen. Das durchgedrehte Fleisch salzen und nach Geschmack mit Pfeffer, Piment, Paprika und Knoblauch würzen.
Dann das Ganze kräftig durchkneten und in den Wurstdarm stopfen. Es ist ratsam, die Würste nicht zu hart zu füllen, weil sie sonst beim Braten aufplatzen. Gut abwaschen und an einem kalten Ort trocknen lassen.
Die auf diese Weise hergestellte Hausmacherwurst in wenig erhitztem Fett auf beiden Seiten knusprig braten und zur Schweineschlachtplatte servieren. Sie kann aber ebensogut mit gedünstetem Kohl als Beilage aufgetragen werden.

Die gebratene Hausmacherwurst ist auch kalt ein hervorragendes Abendessen; man trinkt dazu heißen Tee. Zum Frühstück, ebenfalls mit heißem Tee, ist sie sehr zu empfehlen. Wird die Wurst geräuchert und an einem kühlen Ort aufbewahrt, hält sie sich den ganzen Winter über. Als Räucherwurst wird sie in gefülltem Kraut gekocht oder aber zu Bohnen-, Linsen- und Erbsengemüse serviert. Es ist auch üblich, sie zum Frühstück und zum Abendessen kalt, bzw. gekocht, mit frisch geriebenem Meerrettich oder Senf aufzutragen.
Dazu passendes Getränk: Badacsonyer Grauer Mönch (Badacsonyi szürkebarát).

Házi kolbász

2 kg Schweinefleisch ohne Knochen, 30 g Rosenpaprika, 5 g Pfeffer, 1 g Piment, Salz, Knoblauch, ungefähr 3 m Wurstdarm

Májas hurka

1250 g Schweinelunge, 500 g Schweineleber, Salz, 5 g Pfeffer, 300 g magerer Speck, 200 g Reis, 200 g Fett, 200 g Zwiebeln, 1 g Majoran, 10 g Rosenpaprika, 1 g Piment, ca. 2 m Wurstdarm

Leberwurst

Den Wurstdarm mehrmals gründlich waschen. Die Lunge und den Speck schwach salzen, in so viel Wasser weich kochen, daß sie gerade bedeckt sind. In der Zwischenzeit die kleingeschnittenen Zwiebeln im Fett dünsten. Die Schweineleber roh durch den Fleischwolf drehen, den Speck nach dem Abkühlen in kleine Würfel schneiden. Nun in der Kochflüssigkeit der Lunge den Reis dünsten und ebenfalls abkühlen lassen. In eine tiefe Schüssel die durchgedrehte Leber und Lunge, den kleingeschnittenen Speck, die Zwiebeln und den Reis legen. Das Ganze salzen, nach Geschmack mit Rosenpaprika, Piment, Majoran und Pfeffer würzen und gründlich umrühren. Damit den Wurstdarm füllen und in Abständen von 15 bis 20 cm abbinden, oder die Würste mit einem Stäbchen schließen. In der Kochflüssigkeit der Lunge 15 bis 20 Minuten kochen. Danach herausnehmen, gut abkühlen lassen und in wenig erhitztem Fett knusprig braten. Vorher die Leberwürste mit einer Gabel durchstechen, damit sie beim Braten nicht aufquellen.

Die Leberwurst ist ein wichtiger Bestandteil der Schweineschlachtplatte. Ebensogut kann sie aber als selbständige Mahlzeit zusammen mit gedünstetem Kohl oder Bratkartoffeln gereicht werden. Zum Frühstück oder Abendessen schmeckt sie kalt, zusammen mit heißem Zitronentee, ausgezeichnet.
Dazu passendes Getränk: Badacsonyer Grauer Mönch (Badacsonyi szürkebarát).

Véres hurka

1250 g Schweineblut, 300 g magerer Speck, 600 g Schweinekamm, 250 g Fett, 200 g Zwiebeln, 4 trockene Semmeln, 1 g Piment, 2 g Majoran, Salz, 5 g Pfeffer, 2 m Wurstdarm

Blutwurst

Die Wurstdärme sauber waschen. Den Schweinekamm und den Speck in schwachem Salzwasser weich kochen und gut auskühlen lassen. Die Semmeln in kleine Würfel schneiden und in der Backröhre rösten. Den ausgekühlten Schweinekamm durch den Fleischwolf drehen und den Speck in kleine Würfel schneiden. Nun das Schweineblut mit dem Salz verrühren, Schweinekamm, Speck, geröstete Semmelwürfel und Zwiebeln dazugeben. Das Ganze salzen, mit Majoran, Piment und Pfeffer würzen und kräftig verrühren. Genau wie die Leberwürste (s. oben) in die Därme füllen, 15 bis 20 Minuten kochen. Wenn sie ausgekühlt sind, in heißem Fett braten.

Die Blutwurst ist wie die Leberwurst ein wichtiger Bestandteil der Schweineschlachtplatte.
Sie kann aber auch als selbständige Abendmahlzeit mit gedünstetem Kohl aufgetragen werden. Kalt schmeckt sie ebenfalls ausgezeichnet.
Dazu passendes Getränk: Badacsonyer Grauer Mönch (Badacsonyi szürkebarát).

Sajtos gombócok, frissen sütve

390–400 g geriebener Käse, 6 Eiweiß, Salz, Pfeffer, Muskatnuß, Edelsüß-Paprika, Semmelmehl, Bratfett, Schnittlauch

Käseklöße – frisch gebraten

Die Eiweiß zu Schnee schlagen und den geriebenen Käse untermischen. Schwach salzen, mit Pfeffer und Paprika bestreuen. Nach Geschmack kann man auch etwas Muskatnuß hineinreiben. Kräftig durchkneten und aus der Masse kleinere Klöße formen. In Semmelmehl wenden und in reichlich Fett knusprig braten.
Jeder Kloß wird mit gehacktem Schnittlauch bestreut.
Sofort heiß servieren. Tief gekühlter Joghurt oder saure Milch passen sehr gut dazu.

Zsírban sült túrószeletek

300 g Quark, 150 g Mehl, 50 g Butter, 0,1 l saure Sahne, 3 Eier, Salz, Fett

Quarkschnitten in Fett gebraten

Der Quark wird durch ein Sieb oder durch die Kartoffelpresse in eine tiefe Schüssel gedrückt. Dazu gibt man die ausgelassene Butter, die saure Sahne, das Mehl und 3 Eigelb. Das Ganze wird schwach gesalzen und tüchtig verrührt.
Zum Schluß kommt der Eierschnee von 3 Eiweiß dazu. Auf einem mit Mehl bestreuten Brett kleine Schnitten formen und diese in reichlich heißem Fett auf beiden Seiten knusprig braten.
Eiskalte saure Sahne zu den heißen Quarkschnitten servieren.

Sertéskocsonya

1000 g Schweinekopf, Ohr, Schwanz, Schnauze, 2 Schweineklauen, 100 g Zwiebeln, 100 g Suppengrün, 1 Knoblauchzehe, Pfefferkörner, 10 g Rosenpaprika

Schweinesülze

Alles Fleisch säubern und mit so viel Wasser zum Kochen aufsetzen, daß es gut bedeckt ist. Nach dem Aufkochen das Suppengrün, die Zwiebeln und den Knoblauch hineinlegen. Salzen, pfeffern und mit einem Teelöffel Rosenpaprika würzen.
Im zugedeckten Topf so lange langsam kochen, bis sich das Fleisch von den Knochen löst. Abgießen. Wenn sich die Flüssigkeit gesetzt hat, das Fett abseihen. Die Fleischteile werden von den Knochen befreit und in kleine Glas- oder Porzellanschalen gelegt. Zum Schluß über das Fleisch die durchgeseihte Kochflüssigkeit gießen.
Zum Erstarren zu Sülze stellt man die Schalen in den Kühlschrank. Die Oberfläche mit Rosenpaprika bestreuen und eiskalt servieren. Darauf achten, daß der Saft nicht trüb ist. Um dies zu vermeiden, muß langsam gekocht und vorsichtig durchgeseiht werden.

Sülze schmeckt immer lecker. Am besten aber ist die Ferkelsülze, zubereitet aus Spanferkeln, sowie Karpfensülze in kräftiger Paprikasoße – aber ohne Knoblauch gekocht.

Man ißt sie hauptsächlich abends und trinkt heißen Tee dazu. Nach Geschmack können in Essig gelegte Zwiebelscheiben, geriebener oder gesäuerter Meerrettich dazu gereicht werden.
Dazu passendes Getränk: Tokajer Furmint (Tokaji furmint).

Kalter Zander

Den Kopf des gereinigten Zanders abschneiden, die Filets an beiden Seiten vom Rückgrat trennen. Diese beiden Filetstücke eng ineinanderschieben, mit dünnem Zwirn zusammenbinden und den Fisch salzen. Das Suppengrün und die Zwiebel in Ringe schneiden und in so viel Wasser, daß es den Fisch bedeckt, zu Fischbeize kochen. Die Beize salzen und mit einigen Pfefferkörnern, 1 bis 2 Lorbeerblättern und etwas Essig würzen. Den Fisch erst dann hineinlegen und aufkochen, wenn das Suppengrün schon weich ist. Nach dem Aufkochen zudecken und bei gleichmäßiger Hitze 7 bis 8 Minuten lang weiterkochen. Den Fisch in der Flüssigkeit auskühlen lassen und zum Erstarren in den Kühlschrank stellen. (Die Flüssigkeit muß gallertartig sein.) Vor dem Auftragen den Zwirn entfernen. Den Fisch in dünne Scheiben schneiden. Auf einen Teller französischen Salat (s. S. 152) legen, darauf den Fisch verteilen und mit in Würfel geschnittenem Aspik, in Scheiben geschnittener Zitrone und Eiern garnieren. Sauce tartare oder nach Geschmack kalte Soße dazu reichen. Man kann den kalten Zander auch mit Salatblättern, Kaviar, gekochtem Krebsfleisch, Anchovisringen, geräucherten Lachsscheiben, frischen geviertelten Tomaten usw. garnieren.

Der Geschmack des Zanders kommt noch besser zur Geltung, wenn er 1 bis 2 Tage vor dem Verbrauch zubereitet wird. Anstelle des Essigs kann der Zander auch mit Zitronensaft und etwas Zitronenschale gewürzt werden. Einige in der Beize mitgekochte Estragonblätter geben dem Fisch einen ausgezeichneten Geschmack. Von der eventuell übrigbleibenden, gallertartigen Kochflüssigkeit wird auf die übliche Art wohlschmeckendes Aspik hergestellt, das bei der Zubereitung von kalten Fischspeisen vielseitige Verwendung findet. Anstelle des Zanders kann auch Wels, Hecht, Schill oder Stör genommen werden.
Dazu passendes Getränk: Tokajer Samorodner (Tokaji szamorodni).

Hideg fogas

1 Zander von 1500 g, 150 g Suppengrün, 1 Zwiebel, 2 hartgekochte Eier, französischer Salat, Sauce tartare, Salz, Pfefferkörner, Lorbeerblatt, Aspik, Essig, Zitrone

Tejfeles paprikás gomba tükörtojással

*600 g Pilze, 50 g Räucherspeck,
0,2 l saure Sahne, 4 Eier, Fett, Mehl,
Rosenpaprika, Paprikaschoten, Salz,
1 Zwiebel, frische Tomaten, Petersilie*

Pilze mit saurer Sahne, Paprika und Spiegelei

Den Räucherspeck in kleine Würfel schneiden, braten und darin eine kleingeschnittene Zwiebel dünsten. Mit einer Messerspitze Rosenpaprika bestreuen, etwas Wasser aufgießen und weiter dünsten lassen. Die gesäuberten, gut gewaschenen und in Stücke geschnittenen Pilze hineinlegen, salzen und zugedeckt dünsten. Nach 4 bis 5 Minuten 2 zerkleinerte Paprikaschoten und eine frische Tomate dazugeben und alles zusammen unter mehrmaligem Rühren fast gar dünsten.

In der Zwischenzeit kann man schon in die saure Sahne 2 Teelöffel Mehl und 0,1 l kaltes Wasser schütten, mit dem Schneebesen glattrühren und an die Pilze geben. Schnell umrühren, damit sich keine Klümpchen bilden. Nachsalzen, 2 bis 3 Minuten alles zusammen kochen lassen. Die inzwischen gebratenen Spiegeleier darauflegen.

Zum Abschluß alles mit feingehackter Petersilie bestreuen.

Sofort heiß auftragen.

Gombapörkölt

*600 g Champignons, 60 g Fett,
2 Paprikaschoten, 2 Tomaten, Salz,
Zwiebel, 10 g Rosenpaprika*

Pilzpörkölt

Im Fett eine kleingeschnittene Zwiebel dünsten und mit Rosenpaprika bestreuen, umrühren, 0,1 l Wasser dazugießen und weiter dünsten lassen. Die gesäuberten, mehrmals gewaschenen und zerteilten Pilze hineingeben, salzen und unter mehrmaligem Wenden bei starker Hitze 3 bis 4 Minuten lang dünsten. Die Paprikaschoten und die Tomaten hineinschneiden, nachwürzen und bei mäßiger Hitze zugedeckt innerhalb von 8 bis 10 Minuten fertigdünsten.

Mit Spätzle, Eiergruppen, Petersilienkartoffeln oder gedünstetem Reis als Beilage sofort heiß servieren. Gut paßt auch Kopfsalat dazu.

Nach Geschmack kann das Pilzpörkölt auch mit etwas Knoblauch gewürzt werden.

Tojáslepény magyarosan

*8 Eier, 150 g Paprikaschoten, 100 g
Tomaten, 50 g Fett, 50 g Räucher-
speck, 30 g Zwiebeln, 5 g Edelsüß-
Paprika, 10 g Salz*

Omelett auf ungarische Art

Den in Würfel geschnittenen Räucherspeck glasig braten, die feingehackten Zwiebeln darin dünsten. Die kleingeschnittenen Paprikaschoten und Tomaten dazugeben. Salzen, mit Paprika bestreuen und das Ganze weich dünsten lassen. Auf die übliche Art Omeletts bereiten und füllen. Auf eine vorgewärmte Platte legen und heiß servieren.

Dazu passendes Getränk: Balatonfüreder Riesling (Balatonfüredi rizling).

Ei mit Pilzen und Paprika

Die Pilze reinigen, gut waschen und in Scheiben schneiden. Die Eier aufschlagen, salzen, mit Pfeffer bestreuen und die Sahne untermischen. In der Zwischenzeit in einer Pfanne das Fett auslassen, die Pilze darin bei starker Hitze dünsten, salzen, Paprika und feingehackte Petersilie darüberstreuen. Sobald die Pilze weich sind, werden die mit der Sahne verquirlten Eier daraufgegossen und unter ständigem Rühren bei starker Hitze wie Rührei zubereitet.
Auf vorgewärmter Platte heiß servieren. Obenauf reichlich Paprika streuen.
Im Sommer kann man sie sehr hübsch mit einigen Paprikaringen garnieren.
Man reicht Kopf- oder Gurkensalat dazu.

Paprikás gombás tojás

400 g Pilze, 60 g Fett, 8 Eier, 20 g Salz, 10 g Edelsüß-Paprika, 2 g Pfeffer, 0,06 l Sahne, 1 Bund Petersilie

Hasenpastete – selbstgemacht

Im Fett die in Scheiben geschnittenen Zwiebeln zusammen mit dem Suppengrün dünsten, das Lorbeerblatt, etwas geriebene Zitronenschale und die grob gemahlenen Pfefferkörner hineingeben. Ebenso die geteilten und abgewaschenen Hasenblätter, das Hasenvorderteil mit Knochen und Innereien.
Das Ganze salzen, 0,1 l Weißwein dazugießen und aufkochen lassen. Zugedeckt bei mäßiger Hitze dünsten. Den Räucherspeck dazugeben und zusammen weich dünsten, bis sich das Fleisch leicht von den Knochen löst. Während des Dünstens ab und zu etwas Wasser nachgießen, um ein Anbrennen zu vermeiden. In der Zwischenzeit den Speck in kleine Würfel schneiden und in 0,1 l Wein weich kochen, bis die Kochflüssigkeit verkocht ist und nur das Fett bleibt. Auskühlen lassen.
Das Fleisch so lange dünsten, bis nur ganz wenig Saft übrigbleibt und das Fleisch auf dem Fett liegt. Die Knochen entfernen, das Fleisch, die Innereien und den Speck auskühlen lassen, den Saft durchseihen und beiseite stellen.
Nach dem Auskühlen das Fleisch mit Speck und Innereien durch den Fleischwolf drehen. In eine tiefe Schüssel gibt man die Butter, die mit dem Schneebesen sahnig gerührt wird. Nach und nach unter ständigem Rühren den im Wein gekochten Speck, danach den durchgeseihten Hasensaft zuschütten und das Ganze verrühren.
Im Anschluß daran die durchgedrehte Masse hineingeben, salzen, pfeffern und mit dem Saft einer Zitrone abschmecken. Kognak und Senf zufügen und alles so lange kräftig rühren, bis eine vollkommen glatte, streichfähige Krem entsteht.

Die Pastete kann auf die gleiche Art auch aus Fleischteilen vom Reh oder Hirsch zubereitet werden.

Házias nyúlpástétom

4 Hasenblätter, 1 Hasenvorderteil, Leber, Lunge, Herz, Hals und Bruststück, 200 g Räucherspeck, 100 g durchwachsener Speck, 150 g Butter, 100 g Zwiebeln, 150 g Suppengrün, 30 g Salz, 2 g schwarzer Pfeffer, 1 Zitrone, 50 g Senf, 0,2 l Weißwein, 0,06 l Kognak, 1 Lorbeerblatt

Hússaláta főtt marha-húsból

250 g Rindfleisch (gekocht oder ge-braten), 150 g Mayonnaise, 2 harte Eier, 1 Bund frische Radieschen, 1 Bund junge Zwiebeln, 2 Salatköpfe, 1 Zitrone, 20 g Senf, Knoblauchzehe, Salz, Pfeffer, Petersiliengrün

Fleischsalat aus gekochtem Rindfleisch

Rindfleisch und Eier in Scheiben schneiden. Radieschen und Zwiebeln klein-schneiden. Petersilie und Knoblauchzehe feinhacken.
In eine tiefe Schüssel Mayonnaise gießen, Salz, Pfeffer, Senf, Zitronensaft, den zerstampften Knoblauch und die feingehackte Petersilie dazugeben. Das Fleisch, die Eier, Radieschen und Zwiebeln untermischen, nach Geschmack noch 1 bis 2 Löffel saure Sahne. Eine Stunde lang in den Kühlschrank stellen. Direkt vor dem Auftragen gibt man noch den in einzelne Blätter zerrupften Kopfsalat dazu. Wird der Fleischsalat jedoch zum sofortigen Verzehr angerich-tet, vermischt man die Salatblätter gleich mit den anderen Zutaten.

Diesen Fleischsalat stellt man in Ungarn gern aus Rindfleischresten oder aus auf englische Art zubereitetem Nieren- oder Lendenbraten her. Auch ohne Knoblauch schmeckt er gut.

Hússaláta

250 g kalter Schweinebraten, 100 g Mayonnaise, 150 g Pellkartoffeln, 1 Apfel, 1 Essiggurke, 2 harte Eier, Senf, Salz, Pfeffer, Zitronensaft

Fleischsalat

Den Schweinebraten, die Pellkartoffeln, die Essiggurke und den abgeschälten Apfel in dünne Streifen schneiden.
In eine tiefe Schüssel schüttet man die Mayonnaise, gibt etwas Senf, Zitronen-saft, Salz und Pfeffer hinzu und verrührt das Ganze kräftig mit dem Schneebe-sen. Dann erst die in Streifen geschnittenen Zutaten untermischen. Falls der Salat zu fest ist, verdünnt man ihn mit 1 bis 2 Löffeln saurer Sahne. Vor dem Auftragen schneidet man auch die hartgekochten Eier in Scheiben und garniert den Salat damit rundherum.

In der Sommersaison kann auch ein in Streifen geschnittener Kopfsalat in den Fleischsalat gemischt werden.

Hússaláta – fűszeresen

250 g Rindfleisch (gekocht oder ge-braten), 2 Salatköpfe, 2 harte Eier, 1 Essiggurke, 1 Zwiebel, Vitaminpap-rika, Petersilie, Essig, Öl, Salz, Senf, Zitronensaft, Pfeffer

Fleischsalat – anders gewürzt

Das Rindfleisch und die Eier in Scheiben schneiden. Eine kleine Zwiebel, die Essiggurke, ein halbes Bund Petersilie kleinschneiden.
In eine tiefe Schüssel etwas Öl, Essig, Vitaminpaprika, Senf, Zitronensaft und einen Schuß Wasser geben und mit dem Schneebesen tüchtig verquirlen. In die-se Salatsoße werden die zuvor kleingeschnittenen Gewürze gemengt und gut verrührt. Zum Schluß das kleingeschnittene Rindfleisch und die harten Eier zu-fügen. Eine Stunde in den Kühlschrank stellen. Kurz vor dem Auftragen wird der in Blätter zerpflückte Kopfsalat beigefügt.

Nach Geschmack kann in der Sommersaison der Salat auch mit 2 bis 3 in Scheiben geschnittenen Tomaten angerichtet werden. Im Winter verwendet man statt frischer Tomaten 1 bis 2 Teelöffel Tomatenmark.

Tomaten mit saurer Sahne

Für diesen Zweck wählt man am besten mittelgroße, feste Tomaten, denen die Haut abgezogen wird. Danach werden sie waagerecht in der Mitte geteilt. Auch von der Ober- und Unterseite wird etwas abgeschnitten, damit die Tomaten später auf dem Teller nicht umfallen.

Einen großen, flachen Porzellan- oder Glasteller belegt man mit grünen Salatblättern und verteilt darauf die Tomatenhälften mit der aufgeschnittenen Seite nach oben.

Anschließend mit Salz und Pfeffer würzen, auf jede Tomatenhälfte etwas Zitronensaft träufeln und reichlich mit feingehacktem Schnittlauch bestreuen. Auf jede Tomate häuft man je einen Eßlöffel feste, nicht zu saure Sahne und streicht diese glatt. Dabei darauf achten, daß die Sahne nicht von den Tomaten herunterfließt. Ungefähr 20 bis 25 Minuten in den Kühlschrank stellen. Kurz vor dem Auftragen die beiden hartgekochten Eier fein auf die Tomaten reiben. Man serviert sie mit gerösteten Semmelscheiben.

Tomaten mit Mayonnaise und Ölsardinen

Einen größeren, flachen Porzellan- oder Glasteller bis zum Rand mit grünen Salatblättern belegen. Diese leicht salzen und mit Zitronensaft beträufeln. Von 6 großen Tomaten die Haut abziehen, in fingerdicke Scheiben schneiden und gleichmäßig auf dem Teller verteilen. Salzen, pfeffern, mit einem halben Bund feingehacktem Schnittlauch und genausoviel Petersilie bestreuen und mit Zitronensaft beträufeln.

Die 6 hartgekochten Eier in dünne Scheiben schneiden, auf jede Tomatenscheibe eine Eischeibe und darauf ein Stückchen Ölsardine (oder eine andere Fischkonserve) legen.

Zum Schluß die Mayonnaise in eine tiefe Schüssel gießen, mit etwas Senf und Zitronensaft würzen und unter ständigem Rühren mit dem Schneebesen das Öl der Sardinen dazugeben. Diese Soße gleichmäßig verteilen und auf jede Scheibe gießen.

Das Ganze vor dem Servieren einige Minuten in den Kühlschrank stellen.

Tejfeles paradicsom

8 Tomaten, 2 Eier, 0,2 l saure Sahne, Salz, Schnittlauch, Zitronensaft, Pfeffer

Paradicsom majonézzel és szardíniával

1 Salatkopf, 6 Tomaten, 6 Eier, 1 Dose Ölsardinen, 150 g Mayonnaise, Salz, Senf, Petersilie, Schnittlauch, Pfeffer, Zitronensaft

Hideg töltött paradicsom

Gefüllte Tomaten – kalt

Tomaten können kalt auf die verschiedenste Art gefüllt werden. Man rechnet im allgemeinen pro Person zwei mittelgroße, feste, nicht zu reife Tomaten. Man höhlt sie aus und gibt in die Öffnung etwas Salz, Pfeffer und feingehackte Petersilie, würzt nach Geschmack auch mit etwas Zitronensaft. Bis zur Fertigstellung der Füllung werden die Tomaten in den Kühlschrank gestellt. Auch die bereits gefüllten Tomaten kommen bis zum Auftragen in den Kühlschrank, damit sie frisch und kühl bleiben und das Aroma der Füllung in die Tomaten einzieht. Schon aus diesem Grunde empfiehlt es sich, diese Speise mindestens eine Stunde vor dem Verbrauch zuzubereiten. Die gefüllten Tomaten legt man auf Salatblätter und stellt sie auf einen Porzellan- oder Glasteller, nach Geschmack wird auch etwas französischer Salat (s. unten) daruntergemengt. Auf die gefüllten Tomaten gibt man etwas sämige Sauce tartare oder Mayonnaise, aber immer nur so viel, daß die Soße gerade die Füllung bedeckt und nicht an den Seiten herunterfließt. Die Soße in einer vorgekühlten Soßenschüssel separat reichen.

Ízes paprikás sajtkeverék

1 Bund Schnittlauch, 100 g Butter, 100 g Sahnequark (Schichtkäse), 100 g Roquefort, 2 hartgekochte Eier, 3 Öl-sardinen, Vitaminpaprika, Edelsüß-Paprika, Salz, Pfeffer, Tomaten, Pa-prikaschoten

Würzige Käsemischung mit Paprika

In einer tiefen Schüssel die Butter gut verrühren, den durch ein Sieb gestrichenen Roquefort und Sahnequark dazugeben. Die beiden Eier auf einer feinen Reibe über den Käse reiben. Mit einer Gabel zerdrückt man die Ölsardinen und fügt diese zusammen mit 1 Teelöffel Sardinenöl, 1 Teelöffel Vitaminpaprika, feingehacktem Schnittlauch und Paprika zu der Käsemasse. Mit Salz und Pfeffer würzen und mit dem Schneebesen glattrühren.

Dazu passendes Getränk: Ödenburger Blaufränkischer (Soproni kékfrankos).

Franciasaláta-töltelék

8 Tomaten, Sauce tartare, 300 g Pell-kartoffeln, 1 Mohrrübe, 1 Petersilien-wurzel, 1 Scheibe Sellerie, 100 g grü-ne Erbsen, 2 saure Äpfel, 3 Essiggur-ken, 0,2 l Mayonnaise, Saft einer ½ Zitrone, Zucker, Salz

Füllung mit französischem Salat

Salatkartoffeln in der Schale kochen, abkühlen lassen, abpellen und in kleine Würfel schneiden. Die Mohrrübe, Petersilienwurzel, Sellerie und Erbsen leicht salzen und in Zuckerwasser weichkochen. Die Äpfel und Gurken dazugeben. Das Ganze auf ein Sieb schütten und abtropfen lassen. Die Kartoffeln zufügen und die Mayonnaise unterrühren. Mit den Gewürzen abschmecken. Den Salat in die vorbereiteten Tomaten füllen. Die Tomaten auf grüne Salatblätter setzen und mit Sauce tartare überziehen.

Tojástöltelék

5 Tomaten, 7 Eier, Essiggurke, Petersilie, Zitronensaft, Anchovispaste, Schnittlauch, Salz, Senf, Pfeffer, Mayonnaise

Eifüllung

Fünf hartgekochte, ausgekühlte Eier reiben. Eine kleine Essiggurke, ein kleines Bund Petersilie und Schnittlauch feinwiegen und an die geriebenen Eier geben. Diese werden mit Salz, Pfeffer, etwas Senf und Zitronensaft gewürzt. Nach Geschmack auch etwas Anchovispaste. Dann gibt man 1 bis 2 Löffel Mayonnaise dazu. Mit dieser Masse füllt man die Tomaten, überzieht sie mit Mayonnaise und garniert die Füllung mit zwei gekochten, geriebenen Eiern.

Halas tojásos töltelék

Eifüllung, 1 Dose Thunfisch in Öl, Tomatenmark

Ei-Fisch-Füllung

Diese Füllung wird auf die gleiche Art zubereitet wie die Eifüllung (s. oben), nur mit der Abweichung, daß in die fertige Eifüllung eine kleine Dose Thunfisch oder eine kleine Dose Ölsardinen – zusammen mit dem Öl – gemengt wird. Die Tomaten werden auf die gleiche Art gefüllt und angerichtet wie im vorhergehenden Rezept. Die Speise erhält einen ausgezeichneten Geschmack, wenn in die Mayonnaise ein bis zwei Teelöffel Tomatenmark gerührt werden. Die Tomaten wie beschrieben damit überziehen und servieren.

Halas töltelék

200 g Schill oder Wels, 1 bis 2 Eier, Zitrone, Mayonnaise, Salz, Pfeffer

Fischfüllung

Den grätenlosen Fisch in leicht gesalzenem, mit Zitronensaft gewürztem Wasser gar kochen und später im Kochwasser auskühlen lassen. Nach dem Herausnehmen gut abtrocknen lassen und in kleinere Stückchen zerteilen. Mit so viel Mayonnaise verrühren, daß eine geschmeidige Füllung entsteht. Diese mit etwas Salz, Pfeffer und Zitronensaft würzen. Mit dieser Masse werden die Tomaten gefüllt. Nach Geschmack können in die Füllmasse auch harte Eier in kleinen Stückchen geschnitten werden.
Die Eier müssen kalt sein.
Vor dem Auftragen die Tomaten mit Mayonnaise überziehen, obenauf mit je einem Stückchen kaltem Fisch oder einer Anchovis garnieren.

Gombasalátás töltelék

200 g Dosenpilze, 30 g Öl, 2 Eier, 1 Zwiebel, Petersilie, Salz, Senf, Schnittlauch, Mayonnaise, Pfeffer, Tomatenmark

Pilzsalat-Füllung

Die Zutaten in eine tiefe Schüssel geben, salzen, pfeffern und mit einem kleinen Bund feingehacktem Schnittlauch bestreuen. Einen Teelöffel Mayonnaise und etwas Senf dazugeben. Das Ganze tüchtig verrühren. Die Tomaten mit dieser Masse füllen. Die Mayonnaise wird mit ein bis zwei Teelöffeln Tomatenmark rosa gefärbt und in einer Soßenschüssel zu den Tomaten gereicht.

Fleischsalat-Füllung

Die zum Füllen vorbereiteten Tomaten mit dem fertigen Fleischsalat (s. S. 150) füllen und mit zähflüssiger Mayonnaise überziehen. Obenauf mit etwas dünn geschnittenem, mageren Schinken garnieren und servieren.

Hússaláta töltelék

8 Tomaten, 200 g Fleischsalat, 100 g Schinken

Käse-Jagdwurst-Füllung

Den Käse und die Jagdwurst in kleine Würfel schneiden und in eine tiefe Schüssel geben. Eine kleine Essiggurke, ein kleines Bund Schnittlauch und frische Petersilie feinschneiden und zu den Käse-Wurst-Würfeln geben. Mit 1 bis 2 Löffeln Mayonnaise verrühren, mit Salz, Pfeffer und etwas Senf würzen. Diese Füllung gibt man in die vorbereiteten Tomatenhälften. Nicht mit Zitronensaft würzen. Mayonnaise dazu reichen.

Sajtos-párizsis töltelék

8 Tomaten, 150 g Schnittkäse, 150 g Jagdwurst, Essiggurke, Schnittlauch, Petersilie, Mayonnaise, Salz, Pfeffer, Senf

Gefüllte Paprikaschoten – kalt

Von mittelgroßen Paprikaschoten Stiele und Scheidewände entfernen und entkernen.

Die Butter sahnig rühren, den Schafkäse dazugeben und glattrühren. Die hartgekochten, ausgekühlten Eier hineinreiben und diese Masse mit Salz, etwas Pfeffer, einem Mokkalöffel Senf, einem kleinen Bund feingehacktem Schnittlauch und frischer Petersilie würzen.

Zum Schluß kann man noch 1 Löffel Vitaminpaprika dazugeben. Alles gut verrühren und mit der Masse die Paprikaschoten füllen. Die gefüllten Paprikaschoten zum Erkalten 2 bis 3 Stunden in den Kühlschrank stellen. Mit einem in heißes Wasser getauchten Messer werden sie in Scheiben geschnitten. Auf einem Glas- oder Porzellanteller verteilt man die grünen Salatblätter, legt die Paprikaschoten darauf, garniert den Teller mit geviertelten frischen Tomaten, in Scheiben geschnittenen, gekochten Eiern und Butterringen.

Man serviert die Paprika kalt.

Töltött paprika - hidegen

10 Paprikaschoten, 150 g Butter, 150 g Schafkäse, 5 Eier, Salz, Pfeffer, Senf, Schnittlauch, Petersilie, Vitaminpaprika

Sommerlicher Salat

Den in kleine Röschen zerteilten Blumenkohl in schwachem Salzwasser fast gar kochen, im Blumenkohlwasser auskühlen lassen. Abgießen und gut abtropfen lassen. Die grünen Bohnen genauso zubereiten. In der Zwischenzeit die kleinen, festen Tomaten und die hartgekochten, ausgekühlten Eier in Scheiben schneiden. Ein kleines Bund frische Petersilie und Schnittlauch zusammen mit 20 g

Nyári saláta

150 g Blumenkohl, 150 g grüne Bohnen, 150 g Tomaten, 2 Eier, Schnittlauch, Petersilie, 20 g Zwiebeln, Zitronensaft, Speiseöl, Pfeffer, Salz, Senf

Zwiebeln feinhacken. In eine tiefe Schüssel 3 Eßlöffel durchgeseihten Zitronensaft gießen, einen Eßlöffel Speiseöl dazugeben, mit Salz und Pfeffer würzen. Die gewiegten Zwiebeln, Schnittlauch und Petersilie hineingeben, einen Teelöffel Senf untermischen und alle Zutaten mit dem Schneebesen glattrühren. Das gekochte Gemüse, die Tomaten und die Eierscheiben hineinlegen, vorsichtig vermischen und den Salat 1 Stunde lang in den Kühlschrank stellen.

Nach Geschmack kann man den Sommersalat auch mit Kopfsalat anrichten, den man vorher in kleinere Blättchen zerpflückt.
Als Abendessen bei einer Abmagerungskur ist er geeignet, wenn man mehrere harte Eier und Schinken oder Jagdwurst kleingeschnitten hineingibt. Nach Geschmack kann man auch grüne Erbsen und Karotten beigeben.

Kapros zöldpaprikás újburgonya

1000 g neue Kartoffeln, 100 g Räucherspeck, 100 g Paprikaschoten, 1 Bund Dill, Salz, Pfeffer, Edelsüß-Paprika

Kartoffeln mit Dill und Paprika

Die Kartoffeln in schwachem Salzwasser halbgar kochen und abgießen. Inzwischen den kleingewürfelten Räucherspeck glasig braten, die in kleine Stückchen geschnittenen Paprikaschoten dazugeben, mit der Hälfte des gehackten Dills bestreuen und 2 bis 3 Minuten lang zusammen rösten. Die Kartoffeln dazugeben, salzen, pfeffern und mit etwas Paprika bestreuen, bei mäßiger Hitze zugedeckt weich dünsten lassen. Ab und zu umrühren und – je nach Geschmack – 1 bis 2 zerkleinerte Tomaten mitdünsten. Mit dem restlichen Dill bestreuen.
Heiß servieren.

Anstelle von Räucherspeck kann auch Fett verwendet werden.
Man serviert das Gericht als selbständige Speise oder als Beilage zu Schweinekoteletts. Gut paßt auch Kopfsalat dazu.

Tört krumpli páros debrecenivel

400 g Debreziner Würstchen, 800 g gesäuberte Kartoffeln, 50 g Fett, Salz, 1 Zwiebel, Pfeffer, Rosenpaprika

Quetschkartoffeln mit Debreziner Würstchen

Die Kartoffeln kleinschneiden und bei starker Hitze in schwachem Salzwasser zugedeckt gar kochen. Inzwischen in einer Pfanne eine kleine Zwiebel im Fett braten, mit Paprika bestreuen, mit etwas Kartoffelwasser aufkochen und anschließend die Würstchen hineinlegen.
Wenn die Kartoffeln weich sind, das Wasser abgießen und die Kartoffeln heiß mit der in Paprika gedünsteten Zwiebel und mit Pfeffer würzen. Mit einem Holzlöffel zerquetschen und in einer gefetteten feuerfesten Schüssel in die Backröhre stellen. Die gekochten Debreziner Würstchen auf die Kartoffeln legen und mit etwas Fett begießen.
Sofort heiß auftragen.

Wichtige Begriffe der ungarischen Küche

Alföld (Tiefebene):
Die ungarische Tiefebene, Alföld, umfaßt das Flachland zwischen Donau und
Theiß und jenseits der Theiß. Sie ist auf Grund ihrer hervorragenden Paprikaspeisen und der schmackhaften Teigwaren berühmt. Ebenso bekannt wurde sie
aber auch durch ihre aromatischen Obstsorten und prächtigen Weine.

Badacsony:
Badacsony ist ein Ort am Balaton und berühmt als Anbaugebiet einiger ausgezeichneter Weine. Sie finden auch in der ungarischen Küche vielseitige Verwendung, da sie den Speisen ein ausgesprochen gutes Aroma verleihen.

Bakony:
Gebirge, in dem Komitat Veszprém gelegen, mit umfangreichen Wäldern, in
denen die ausgezeichneten Waldpilze wachsen. Speisen, die mit diesen würzigen
Pilzen zubereitet werden, erhielten daher den Beinamen „Bakony".

Bogyiszló:
Wohlbekannt ist diese große Gemeinde im Tolna-Gebiet durch die Züchtung
hervorragend schmeckender Paprikaschoten.

à la Debrecen (Debreziner...):
Debrecen ist eine Großstadt in der ungarischen Tiefebene. Hauptsächlich ist sie
wegen ihrer guten ungarischen Küche und ihrer schmackhaften Würstchen berühmt. Ausgezeichnet sind aber auch die übrigen Fleisch- und Wurstwaren.

Eger (Erlau):
Eger ist eine oberungarische Stadt mit historischer Bedeutung. Berühmt ist sie
auch durch ihre ausgezeichneten Weine und ihre gute Küche.

à la Gödöllő:
Gödöllő ist eine der Vorstädte von Budapest. Sie ist unter anderem wegen ihrer erstrangigen Hühnerzucht berühmt. Das mit Geflügelleber und Pilzen gefüllte Huhn wurde nach dieser Stadt benannt.

Grieben:
Das sind kleine, außerordentlich gut schmeckende Speckstückchen, die beim Ausbraten von Schweinespeck zurückbleiben. Sie sollen weich, locker und etwas knusprig sein. Sowohl frisch und warm, aus dem Fett genommen, als auch kalt ißt man sie sehr gern.

Hódmezővásárhely:
Dies ist der Name einer größeren Stadt in der ungarischen Tiefebene, das Zentrum der guten Csongráder Küche. Ausgezeichnet sind das hier zubereitete Kuttelfleckenpörkölt und der Quarkkuchen.

Sárköz:
Jenseits der Donau, in Transdanubien, heißt eine Gegend Sárköz. Hier bereitet die Bevölkerung vor allem gute paprikagewürzte Spezialitäten zu. Dadurch ist diese Gegend bekannt geworden.

Sopron (Ödenburg):
In Westungarn gelegen, ist Sopron eine der schönsten und historisch eine der berühmtesten Städte. Bekannt wurde sie durch ihre ausgezeichneten Weine und ihre gute Küche.

à la Szeged (Szegediner...):
Speisen, à la Szeged zubereitet, werden im Pörköltsaft geschmort. In kleine Würfel geschnittene Kartoffeln und Suppengrün kocht man mit und serviert sie zusammen mit Spätzle.
Szeged ist eine der größten Städte in der ungarischen Tiefebene, die berühmt wurde wegen ihres ausgezeichneten Paprikas und der guten ungarischen Küche.

Tatarensoße (Sauce tartare):
Diese Soße paßt zu jedem Fleisch, auch wenn es kalt ist. Für Salate verwendet man sie ebenfalls gerne.
Hergestellt wird sie folgendermaßen: Eine Mayonnaise machen, einen Eßlöffel Senf und 0,2 l saure Sahne unterrühren. Mit dem Saft einer halben Zitrone, einem Eßlöffel Puderzucker und etwas Salz abschmecken.

Vitaminpaprika:
Es ist ein würziges Paprikaerzeugnis, das durch ein besonderes Verfahren mit allen Vitaminen des Paprikas angereichert wurde und seine leuchtendrote Farbe beibehalten hat. Vitaminpaprika wird zum Würzen von Speisen benutzt. Einen besonders guten Geschmack und ein ausgezeichnetes Aroma verleiht es den Pörkölts, Paprikagerichten und vielen anderen Speisen.

Einige Tips für die Zubereitung der Speisen

Wie verwendet man ungarischen Paprika?

Im allgemeinen werden drei verschiedene ungarische Gewürzpaprikasorten verwendet: *Delikateß-Paprika, Edelsüß-Paprika* und *Rosenpaprika*. Der erstgenannte Paprika gibt der Speise ein feines Aroma und eine schöne rote Farbe, hat aber keinerlei Schärfe. Auch der Edelsüß-Paprika ist noch relativ milde, während der Rosenpaprika der Speise einen schwach scharfen, pikanten Geschmack verleiht.

Der Paprika wird zum Würzen im erhitzten Fett aufgelöst, denn nur bei entsprechender Hitzeeinwirkung gelangen die ätherischen Öle zur Geltung. Man sollte möglichst darauf achten, daß das Fett nicht zu heiß wird, denn der Paprika brennt sofort an; die ganze Speise würde davon bitter werden. Paprika würzt nicht nur und verleiht der Speise die gefällige rote Farbe, sondern bindet sie auch. Wer z. B. das Pörkölt oder irgendein anderes Paprikagericht mit etwas sämigerem Saft haben möchte, nimmt etwas mehr Paprika als üblich und kocht die Speise dann fertig. Das ist aber nur mit Delikateß-Paprika möglich; schärferer Paprika ist hierzu ungeeignet.

Besonders auf Speisen mit saurer Sahne und Paprika hebt sich die Paprikafarbe gut ab und macht das Gericht verlockender.

Grundlage vieler ungarischer Speisen ist der fette, paprikagewürzte *Zwiebelbrei*. Dazu erhitzt man das Fett und läßt die Zwiebeln darin dünsten, verrührt darin schnell den Paprika, gießt sofort etwas Wasser zu und rührt alles glatt. Man muß sich beeilen, weil nur dadurch eine vollkommene Wirkung des Gewürzes erreicht wird, daß in der im erhitzten Fett gedünsteten Zwiebel, zusammen mit dem untergemischten Paprika, bei diesem Hitzegrad die ätherischen Öle, die Geschmacksstoffe, frei werden und das Aroma voll zur Geltung kommt. Bei stärker gedünsteten Zwiebeln stört diese Geschmackswirkung. Deshalb sollen zu Pörköltspeisen und anderen Paprikagerichten die Zwiebeln im Fett nur angedünstet werden. Je älter das Fleisch ist, desto weniger brauchen die Zwiebeln gedünstet zu werden. Je weniger Zeit das Dünsten in Anspruch nimmt, desto mehr soll man die Zwiebeln im Fett dünsten lassen.

Das Abbrühen und Vorkochen

Einige Nahrungsmittel werden abgebrüht oder vorgekocht, um ihnen den starken, charakteristischen Geruch zu nehmen.
So wird z. B. Kaninchenfleisch, das zu Pörkölt verarbeitet werden soll, in Fleischstückchen geschnitten, gründlich gewaschen und in sprudelndes Wasser gelegt. Nach dem Aufkochen das Wasser abgießen, das Fleisch nochmals waschen und nun erst mit der Zubereitung des Pörköltgerichtes beginnen.
In gleicher Weise wird Schaffleisch vorgekocht, falls es einen zu starken Geruch hat. Auch zu scharfe Paprikaschoten werden so abgebrüht, um ihnen dadurch die Schärfe zu nehmen. Die Paprikaschoten reinigt man, befreit sie von Stiel und Scheidewänden und entkernt sie. Danach sprudelndes Wasser auf die Paprikaschoten gießen, so daß sie bedeckt sind. Einige Sekunden läßt man sie im heißen Wasser. Danach abgießen, gründlich abspülen und entsprechend zubereiten. Der so abgebrühte Paprika hat seine Schärfe verloren und verleiht der Speise keinen zu scharfen Geschmack.

Die Mehlschwitze oder Einbrenne

In der ungarischen Küche wird ein großer Teil der Speisen mit einer Schwitze gebunden. Da sie aber nicht nur dazu geeignet ist, die Speise zu binden, sondern den Geschmack, ja den Charakter beeinflußt, sollte man ihr beim Zubereiten große Aufmerksamkeit widmen.
Man unterscheidet *helle, rosafarbene und braune Schwitze*. Das Zubereiten der Schwitze beginnt immer in heißem Fett und wird bei mäßiger Hitze unter mehrmaligem Umrühren fortgesetzt.
Um eine *helle* Mehlschwitze zu bekommen, gibt man das Mehl in das erhitzte Fett und läßt es nur einige Sekunden darin, so daß es noch weiß, aber nicht mehr roh bleibt. Mit dieser Schwitze werden solche Speisen versehen, die einen neutralen Geschmack haben und wenig gewürzt werden, z. B. grüne Erbsensuppe. Bei der *rosafarbenen* Mehlschwitze gibt man das Mehl ebenfalls in das heiße Fett, läßt es aber nicht mehr weiß, sondern röstet etwas stärker. Während des Röstens bildet sich darauf eine „Sengschicht", man erkennt sie an der Farbe und am etwas versengten Geruch. Mit dieser Schwitze werden im allgemeinen die verschiedenen Gemüse gebunden.
Die *braune* Mehlschwitze wird braun geröstet. Das Rösten kann durch Beigabe von etwas Zucker unterstützt werden. Dadurch erhält die Schwitze einen leich-

162

ten Karamelgeschmack und bräunt schneller. Mit einer solchen Schwitze wird z. B. Linsengemüse gebunden.

In gewürzte Mehlschwitzen gibt man die Gewürze und Gewürzpflanzen in einer bestimmten Reihenfolge. Bereitet man z. B. eine Paprika-Zwiebel-Einbrenne, werden erst die geschnittenen Zwiebeln hineingegeben. In der noch zischenden heißen Schwitze entfalten sich die Geschmacksstoffe und ätherischen Öle der Zwiebel. Gut verrühren und erst, wenn die Zwiebeln die Schwitze etwas abgekühlt haben, den roten Paprika dazugeben. Paprika brennt im heißen Fett oder in der Schwitze sofort an und verleiht dadurch der Speise einen unerwünschten, bitteren Nebengeschmack.

Die gleiche Reihenfolge ist auch bei der Zwiebel-Knoblauch-Paprika-Schwitze zu beachten: Zuerst die Zwiebeln, dann den zerstampften Knoblauch – der ebenfalls auf zu starkes Erhitzen reagiert –, zum Schluß streut man den Paprika hinein, um die Geschmackswirkung zu vervollkommnen.

Diese Methode wird auch bei der Zwiebel-Petersilien- oder Dill-Schwitze befolgt. Immer gibt man zuerst die Zwiebeln in die Schwitze und danach die Petersilie und die anderen Gewürzpflanzen.

Bei der reinen Petersilien-Schwitze (z. B. für grünes Erbsengemüse) mischt man allerdings die gehackte Petersilie nicht sofort in die stark erhitzte Einbrenne. Man nimmt die Schwitze einige Sekunden vom Feuer und streut dann erst die Petersilie hinein. Petersilie brennt nämlich auch leicht an und wird bitter.

Mit der gerösteten Schwitze bindet man die Speisen folgendermaßen:

Vor dem Eindicken wird die heiße Mehlschwitze mit kaltem Wasser, die schon abgekühlte mit heißem Wasser glattgerührt.

Falls es nötig ist, wird die Schwitze durchgeseiht, damit keine Mehlklümpchen in die Speise kommen.

Die glattgerührte, durchgeseihte Schwitze wird unter schnellem, ständigem Umrühren in die kochende Speise gegossen, da sich sonst wieder Klümpchen bilden. Sobald die Speise aufgekocht ist und einzudicken beginnt, bei mäßiger Hitze gut kochen lassen.

Die Legierung

Einige Gemüse und Suppen werden mit einer Legierung gebunden, z. B. Sauerampfer oder Kürbisgemüse mit saurer Sahne. Man legiert mit etwas angeröstetem Mehl (damit das Essen nicht nach rohem Mehl schmeckt). Unter ständigem Rühren mit dem Schneebesen gibt man das Mehl in die saure Sahne, gießt etwas kaltes Wasser zu und rührt alles glatt. Damit sich keine Mehlklümpchen bilden, wird die Legierung durchgeseiht und schnell in das kochende Gemüse gerührt.

Das Braten

Im allgemeinen werden in der Bratröhre größere Stücke Bratenfleisch, z. B. Schweinebraten, Gänsebraten usw., gebraten. Das Fleisch stellt man am besten in eine heiße Röhre, weil sich durch die plötzliche Hitzeeinwirkung die Fleischzellen schließen und der Fleischsaft nicht verlorengeht. Der Braten behält so seinen guten Geschmack.

Sobald das Fleisch etwas Farbe bekommen hat und sich eine hellgelbe Kruste darauf bildet, brät man bei mäßiger Hitze weiter. Den Bratvorgang rundet man ab, indem der Braten von Zeit zu Zeit gewendet und mit dem eigenen Saft begossen wird. Zu Beginn des Bratens wird das dazu notwendige Bratenfett ausgelassen und über das Fleisch gegossen; Wasser kommt nicht hinein.

Sobald der Braten bis auf das eigene Fett eingeschmort ist, darf man etwas heißes Wasser nachgießen, damit er nicht anbrennt. Wird zu viel Wasser beigegeben, weicht der Braten auf und kocht, anstatt zu braten. Der fertige Braten soll wohlschmeckend und knusprig sein.

Praktische Tips zum Bratvorgang

- Niemals zu viel Fleisch auf einmal in die Pfanne legen, weil es dann nicht schön brät.
- Nicht verschiedene Fleischarten zusammen in einer Pfanne braten, z. B. Schweinefleisch und Geflügel. Jeder Braten hat seinen eigenen Geschmack und dieser muß einzeln zur Geltung kommen.
- Während des Bratens nicht mit der Bratengabel in das Fleisch stechen, weil dadurch die Nährstoffe verlorengehen.
- Vom gebratenen Fleisch den größten Teil des Fettes abgießen und zur Zubereitung anderer Speisen verwenden. Man läßt immer nur so viel Fett, wie zur Bratensoße gebraucht wird. Dieses wird mit etwas Mehl und Tomaten gedünstet. Etwas Wasser zugießen, aufkochen lassen und durchseihen. Diese wohlschmeckende, gehaltvolle Bratensoße vereint die Würze des Bratens in sich. Zusammen mit dem in Scheiben geschnittenen Fleisch wird sie aufgetragen.
- Sogenannte *Pfannengerichte* werden in der Pfanne gebraten, wobei man zwischen wenig und reichlich Fett Unterschiede macht.
- In reichlich Fett brät man panierte Fleischgerichte, in wenig Fett bereitet man nur mit Mehl bestäubte, sogenannte „Naturschnitzel". In beiden Fällen beginnt man das Anbraten im erhitzten Fett.
- Pfannengerichte werden unmittelbar vor dem Auftragen gebraten, damit sie wirklich frisch sind. Die meisten Pfannengerichte werden nach kurzem Stehen zäh, hart und somit ungenießbar.

164

Das Dünsten

Das Dünsten unterscheidet sich darin grundlegend vom Kochvorgang, daß es immer *in wenig* Saft erfolgt. Das Fleisch oder die Fleischstücke werden – wie jede andere gedünstete Speise – fast nur im eigenen Fett, im eigenen Saft, zugedeckt weich gedünstet. Beim Dünsten bewahren die Speisen, im Vergleich zum Kochen, den eigenen Geschmack besser.

Das zu dünstende Fleisch wird vorher in heißem Fett angebraten. Wesentlich dabei ist, daß das heiße Fett die äußeren Fleischzellen zusammenzieht und während des langsamen Dünstvorganges die Nährsäfte nicht herausquellen läßt.

Dem Charakter der Speise entsprechend unterscheidet man beim Dünsten verschiedene Methoden:

- Ein größeres in einem Stück gedünstetes Fleisch wird vorher in heißem Fett angebraten. Das dazugehörende Suppengrün und die Gewürze werden gedünstet und an das Fleisch gegeben. Dann alles zusammen dünsten. Mit der Zubereitung der Soße aus dem beim Dünsten entstehenden Saft wird der Dünstvorgang abgeschlossen.
- Bei gedünsteten Fleischscheiben, z. B. Schweinekarbonade, wird zuerst die Soße zubereitet, in die man das angebratene Fleisch hineinlegt und gar dünstet.
- Das Dünsten von Pörkölt, Gulasch oder Schmorbraten erfolgt immer nur in wenig Saft – fast nur im eigenen, damit es wirklich Pörkölt ist. Verdünntes Pörkölt hat seinen Charakter verloren und wird zu Kochfleisch.

Große Aufmerksamkeit ist gedünstetem Fleisch zu widmen: es soll zwar weich, aber nicht übermäßig weich gedünstet sein. Sonst geht zuviel von seinem Nährwert verloren. Außerdem fällt es zusammen, und das Fleisch kann nicht ansprechend geteilt und aufgetragen werden.

Das Rösten

Geröstet wird immer in der Pfanne bei starker Hitze, unter ständigem Rühren und Schwenken der Pfanne. Nie zuviele Zutaten auf einmal in die Pfanne legen, weil sie sich auch bei starker Hitze zu langsam erwärmen und die Speise schließlich zäh wird. Das Rösten soll praktisch in letzter Minute, unmittelbar vor dem Auftragen beendet werden, weil z. B. geröstete Leber nach ein paar Minuten Stehen zäh und dadurch unappetitlich wird. Längeres Rösten läßt Leber oder Nieren hart werden.

Verzeichnis der Restaurants und ihrer Spezialitäten

Budapest

Aranyhordó Étterem

I. Tárnok utca 16
Ungarische Speisespezialitäten

Aranyszarvas Étterem

I. Szarvas tér 1
Ungarische Wildbretspezialitäten

Régi Országház

I. Országház utca 17
Ungarische Speisespezialitäten

Hársfa Étterem

II. Vöröshadsereg útja 132
Wildbretspezialitäten

Margitkert Vendéglő

II. Margit utca 15
Ungarische Speisespezialitäten,
Gerichte vom Holzkohlengrill

Hármashatárhegy Étterem

III. Hármashatárhegy
Räuberplatte, Lendenbraten mit Erlauer Soße, Hirschfiletmedaillons auf Jäger-Art

Sipos Étterem

III. Fő tér 1
Ungarische Fischgerichte, Fischsuppe

Postakocsi Étterem

III. Fő tér 2
Ungarische Speisespezialitäten

Megyeri Csárda

IV. Váci út 102
Gefülltes Kraut à la Csík

Bajkál Étterem	V. Semmelweis utca 1–3 Russische Speisespezialitäten	
Kárpátia Étterem	V. Károlyi Mihály utca 4–8 Szegediner Fischgerichte, Forelle nach Art des Hauses, Lamm à la Udvarhely, italienische, serbische und siebenbürgische Spezialitäten	
Mátyáspince Étterem	V. Március 15. tér 7 Grätenfreie Fischgerichte, knusprige Schweinshachsen, Rostbraten auf Budapester Art mit Gänseleber u. a.	
Százéves Étterem	V. Pesti Barnabás utca 2 Wildbretgerichte, Gänseleber auf ungarische Art	
Hungária Étterem	VII. Lenin körút 9–11 Ente mit Gänseleber gefüllt, Kalbsbraten auf Hungária-Art, Palatschinken à la Hátszeg	
Kiskakukk Étterem	XIII. Pozsonyi út 12 Wildbret- und Kalbsspezialitäten	
Gundel Étterem	XIV. Állatkerti körút 2 Geschmorter Lendenbraten à la Gundel, Kalbsstück auf Vajdahunyad-Art, Schweineschnitzel à la Ligeti, Gundel-Palatschinken	
Aranysárkány Étterem	Szentendre, Vöröshadsereg utca 2 Pilzköpfe mit Salami gefüllt, Nierenragout mit Gemüse, Palozensuppe, Lammrücken im Ganzen gebraten, gefülltes Kalbsbruststück	*Donauknie*
Silvanus Étterem	Visegrád, Fekete-hegy Ungarische Speisespezialitäten	

Balatongegend	Thermál Étterem	Hévíz, Kossuth Lajos utca 9 Ungarische Speisespezialitäten, Fisch- gerichte
	Helikon Étterem	Keszthely, Balaton-part 5 Plattenseefisch-Spezialitäten
	Baricska Csárda	Balatonfüred, Baricskadűlő Plattenseefisch-Gerichte
	Ménes Csárda és Borozó	Szántód-puszta Flecken, Gegrilltes, Fischgerichte
	Európa Étterem	Siófok, Petőfi Sándor utca 11 Ungarische Speisespezialitäten, Fisch- gerichte
Transdanubien	Deák Étterem	Sopron, Köztársaság utca 20 Kuttelflecken, gebratene Leber, Kes- selgulasch
	Palatinus Étterem	Sopron, Új utca 23 Ungarische Speisespezialitäten, Sopro- ner Strudel
	Haydn Étterem	Fertőd, Fő utca 3 Gefülltes Kraut à la Fertőd, Würst- chen im Schlafrock
	Tó Vendéglő	Győr, Ifjúság körút 113 Fischgerichte vom Rost
	Kulacs Étterem	Kőszeg, Béke utca 12 Rostbraten, Braten à la Vas
	Claudius Étterem	Szombathely, Bartók Béla körút 39 Pilzspezialitäten, Wildbretgerichte

Isis Étterem	Szombathely, Rákóczi út 1 Braten à la Vas	
Aranyszarvas Étterem	Székesfehérvár, Horváth utca 6 Ungarische Wildbretgerichte, Lenden- braten	
Velence Étterem	Székesfehérvár, Március 15. utca 10 Ungarische Speisespezialitäten	
Gorsium Étterem	Tác Alte römische Gerichte	
Halászcsárda	Pákozd Plattensee-Zander-, Weißfisch- und Karpfengerichte	
Aranyhordó	Dunaújváros, Erdősor 31 Siebenbürger Holzplatte	
Sió Csárda	Szekszárd, an der Hauptstraße Nr. 6 Kuttelfleckenpörkölt, Nierenbraten	
Nádor Étterem	Pécs, Széchenyi tér 15 Räuberfleisch	
Bugaci Csárda	Bugac Kesselgulasch, Hammelpörkölt	*In der Tiefebene,* *östlich der Theiß*
Alabárdos Étterem	Szeged, Oskola utca 13–15 Szegediner Fischpaprikasch, Fischge- richte aus der Theißgegend	
Hungária Étterem	Szeged, Komócsin Zoltán tér 2 Ungarische Speisespezialitäten	
Tisza Étterem	Szolnok, Marx park 2 Alte ungarische Nationalgerichte	

	Hortobágyi Csárda	Hortobágy Hammelpörkölt, Ungarische Fleckerl-suppe
	Gambrinus Étterem	Hajdúszoboszló, József Attila utca 3 Paprikahuhn, Quarkflecken
	Aranybika Étterem	Debrecen, Vöröshadsereg útja 11–15 Räuberplatte, Fischgerichte
Nordostungarn	Szőlőskert Étterem	Gyöngyös Hirnrose, Leberspezialitäten, Kessel-gulasch
	Avar Étterem	Mátrafüred, Parádi utca 5 Ungarische Speisespezialitäten, Rost-braten à la Klausenburg
	Beszterce Étterem	Salgótarján, Vöröshadsereg út 60 Palozensuppe, Gefüllter Rostbraten à la Csáky
	Fehérszarvas Vadásztanya	Eger, Klapka utca 8 Ungarische Wildbretgerichte, Strudel
	Sziklaforrás Csárda	Felsőtárkány Forelle mit Pilzen, Forelle auf ungari-sche Art
	Szalajka Vendéglő	Szilvásvárad, Egri utca 2 Forelle blau und gebraten, Wildbret-gerichte
	Béke Étterem	Mezőkövesd Matyó-Platte, ungarische Speisespezia-litäten
	Tokaj Étterem	Miskolc, Győri kapu 47 Braten à la Tokaj, Pußtapörkölt

Biographische Notizen

Annamária Csáth

wurde 1941 in Székesfehérvár, einer westungarischen Stadt mit historischer Vergangenheit, geboren. Sie erlernte den Beruf einer Schaufensterdekorateurin und absolvierte dann die Hochschule für Kunstgewerbe. Eine Zeitlang arbeitete sie als Grafikerin und als Restauratorin. Sie ist Mitglied der Budapester Mihály-Zichy-Künstlergemeinschaft und gehört – als Tochter einer Österreicherin – der Sektion für Bildende Künste des Verbandes der Ungarndeutschen an. Seit 1970 veranstaltete sie sechs selbständige Ausstellungen, außerdem beteiligte sie sich an zahlreichen Kollektivausstellungen. Ihre Grafiken werden oft in ungarischen Zeitungen und Zeitschriften abgedruckt.

Emil Turós

ist Mitglied einer berühmten ungarischen Meisterkochdynastie. Er wurde 1906 in Budapest geboren und erlernte in Klausenburg im Hotel New York den Beruf eines Kochs. Er arbeitete in mehreren namhaften Hotels und Restaurants in Ungarn und im Ausland, vor dem Zweiten Weltkrieg an der berühmten Hotelzeile am Budapester Donauufer ebenso wie an den Champs-Élysées in Paris. Er beteiligte sich an zahlreichen internationalen Kochwettbewerben, so zum Beispiel dreimal an der Internationalen Kochausstellung, die als Olympiade der Meisterköche angesehen wird. Sein Kochbuch, das er für die Branche geschrieben hatte, galt von den fünfziger Jahren an lange Zeit als Grundwerk des Berufes in Ungarn. Durch ein anderes Werk, das er zusammen mit seinem Bruder, Lukács Turós, verfaßte, sowie durch seine Rezeptbücher der Fisch- und Wildgerichte wurde er über die Grenzen Ungarns hinaus zu einem bekannten Kochbuchautor. Mehrere seiner Bücher und Rezeptsammlungen wurden in zahlreichen Auflagen auch in Fremdsprachen veröffentlicht.

Verzeichnis der Abbildungen

Register

174